高等职业院校汽车类专业系列教材

汽车美容与装饰

QICHE MEIRONG YU ZHUANGSHI

主　编　谢鹏飞　黄　曦

副主编　甘　纯　刘兴瑶

参　编　李　娟　何建林

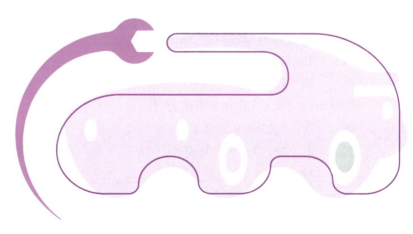

西安电子科技大学出版社

内容简介

本书紧密围绕汽车美容与装饰行业实际需求，系统梳理了该领域的专业知识与核心技能。全书分为四大模块，包括 18 个项目，助力读者快速构建行业认知体系。

模块一聚焦汽车美容工具、护理用品认知及汽车外部、内部与发动机舱清洁，夯实汽车清洁基础，提升实践能力。模块二涵盖汽车漆面抛光、打蜡、封釉、镀晶等保养修复工艺，优化车身外观质感与耐久性。模块三包含汽车坐垫安装、车灯改色贴膜、底盘装甲施工、三角窗贴膜、侧窗贴膜、后挡风玻璃贴膜与前挡风玻璃贴膜等内容，强化个性化外观与实用装饰技能。模块四详解倒车雷达、车载导航、行车记录仪等电子设备的安装调试方法，提升加装效率，保障系统稳定运行。

本书既可作为高等职业院校汽车类相关专业的教材，也可作为汽车美容装饰从业者的学习参考书。

图书在版编目 (CIP) 数据

汽车美容与装饰 / 谢鹏飞，黄曦主编 . -- 西安：西安电子科技大学出版社，2025. 9. -- ISBN 978-7-5606-7765-1

Ⅰ . U472

中国国家版本馆 CIP 数据核字第 2025EW9029 号

策　　划　　明政珠　　刘统军
责任编辑　　明政珠
出版发行　　西安电子科技大学出版社 (西安市太白南路 2 号)
电　　话　　(029) 88202421　88201467　　　　邮　　编　　710071
网　　址　　www.xduph.com　　　　　　　　　电子邮箱　xdupfxb001@163.com
经　　销　　新华书店
印刷单位　　河北虎彩印刷有限公司
版　　次　　2025 年 9 月第 1 版　　　　　　　　2025 年 9 月第 1 次印刷
开　　本　　787 毫米 ×1092 毫米　1/16　　　　印　　张　11.5
字　　数　　271 千字
定　　价　　46.00 元
ISBN 978-7-5606-7765-1

XDUP 8066001 - 1

*** 如有印装问题可调换 ***

前　言

　　汽车工业的高速发展和汽车保有量的持续攀升，共同推动了汽车后市场服务行业的蓬勃兴起。汽车被视为车主的"第二个家"，人们对爱车的呵护也愈发精心细致。汽车日常清洁护理、定期美容保养、养护用品采购与使用已成为人们的常规消费行为。人们期望通过这些行为，不仅实现新车保值、旧车焕新，更使爱车长期亮洁如新，有效延长其使用寿命，同时提升驾乘舒适度和行车安全性。汽车美容与装饰业是汽车技术飞速发展、人们消费观念不断更新以及汽车文化日益普及的必然结果。汽车美容与装饰行业在我国蕴藏着巨大的市场潜力。因此，汽车美容与装饰行业迅速崛起并蓬勃发展，该行业必将成为我国汽车服务业的一个新兴支柱产业。

　　现代汽车美容是在继承传统汽车美容的基础上发展完善的高技术汽车护理体系。新材料、新技术、新工艺的广泛应用，大幅拓展了汽车美容与装饰的施工项目，显著提升了作业品质。汽车美容与装饰行业广阔的潜在市场，也为行业发展提供了巨大商机。现阶段，我国汽车美容业从业人员整体素质有待提升，作业质量良莠不齐，难以满足车主对爱车高品质养护的需求，这对从业人员的专业素质提出了更高要求。

　　党的二十大报告提出，教育、科技、人才是全面建设社会主义现代化国家的基础性、战略性支撑。为助力科教兴国、人才强国与创新驱动发展战略实施，更好地满足汽车类专业职业院校的教学需求，突出职业教育特色，促进汽车美容与装饰专业人才培养，我们编写了本书。本书依据理实一体化教学要求组织编写，理论知识难度适中，实用性强。在编写本书的过程中，我们力求突出以下特点：

　　(1) 立足职业教育实际，融合教学与生产实操，以专项能力培养为单元模块，明确知识目标与能力目标。

　　(2) 通过图文并茂、深入浅出的案例与操作方法，结合市场前沿动态，系统介绍汽车美容与装饰领域的新知识、新技术、新工艺及新方法。

　　(3) 重点解析汽车美容与装饰工艺流程及操作规范，精准对接企业对技能型人才的需求。

　　(4) 以"理论学习+现场实训"项目为载体，实现"教、学、练、做"一体化。实践环节聚焦典型汽车美容与装饰项目，着力强化学生动手能力与职业素养，在提升专业技能的同时深化职业精神，使学生全面掌握前沿技术及相关技能，确保内容兼具适用性与实用性。

本书图文并重，以通俗流畅的语言阐述专业知识。每个项目都精心设置了学习目标、资源准备、学习过程、总结评价与作业等板块，助力读者系统掌握汽车美容与装饰核心技术，开启汽车服务领域的精彩旅程。

全书分为四大模块，包括18个项目：模块一为汽车美容工具认知与汽车清洁，包括项目1～4，详述美容工具、护理用品及汽车外部清洁、内饰清洁与发动机舱深度清洁技术；模块二为汽车漆面养护，包括项目5～8，聚焦漆面抛光、打蜡、封釉、镀晶等专业养护与修复工艺；模块三为汽车装饰，包括项目9～15，详解坐垫安装、车灯改色贴膜、底盘装甲施工以及三角窗、侧窗、后挡风玻璃与前挡风玻璃贴膜作业；模块四为电子产品加装与调试，包括项目16～18，精讲倒车雷达、车载导航、行车记录仪等电子设备的安装与调试流程。

本书由谢鹏飞、黄曦担任主编，甘纯、刘兴瑶担任副主编，李娟、何建林参与编写。具体编写分工为：项目1～5由谢鹏飞编写；项目6～10由黄曦编写；项目11～15由甘纯与刘兴瑶共同编写；项目16～18由李娟与何建林共同编写。

本书编写获得编者所在单位领导及汽车美容专业教师鼎力支持，深表谢忱。同时，在编写本书的过程中编者参考了相关著作、文献与资料，特向原作者致以诚挚谢意。限于编者水平与经验，书中难免存在疏漏，恳请广大读者不吝指正，以便再版时完善。

编　者

2025年5月

目 录

模块四　电子产品加装与调试

模块一
汽车美容工具认知与汽车清洁

项目 1
汽车美容工具与护理用品认知

 一、学习目标

（一）知识目标

1. 熟悉汽车美容与装饰工具的使用性能；
2. 熟悉汽车美容与装饰产品的使用性能；
3. 能认识汽车美容与装饰工具；
4. 能认识汽车美容与装饰产品；
5. 培养勤于动手的实践能力；
6. 培养严谨的思维分析意识。

（二）思政目标

1. 熟悉汽车美容工具与护理用品；
2. 强化环保意识，倡导绿色美容、低碳装饰理念，促进可持续发展。

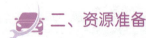 二、资源准备

1. 教学场地

汽车美容与装饰实训室（该实训室布置为理实一体化教室，配有设备、桌椅、多媒体、挂图、制度，共 8 个工位）。

2. 教学资源

参考教材、视频资源、课程标准。

3. 教学设备与工具

(1) 整车 1 台；
(2) 3M 汽车美容与装饰工具套装 8 套；
(3) 3M 汽车护理用品 8 套。

4. 安全要求及注意事项

(1) 操作洗车机电源开关要佩戴绝缘手套；

(2) 设备有安全标识的地方需要在老师的指导和监管下操作，不能私自操作。

5. 职位分工

每个班平均 56 人，分成 8 个小组，每小组 7 人，如表 1-1 所示。

表 1-1　小 组 分 工 表

序号	模拟岗位	人　数	职　责
1	小组长	1	全面负责本小组管理
2	技术员	1	负责小组内技术问题
3	安全员	1	负责小组内安全检查
4	成员	4	完成老师与小组长安排的任务

三、学习过程

（一）案例描述

汽车停放一周后，车身便会蒙上厚厚一层灰尘。要想让汽车恢复光亮如初的状态，就需要进行汽车美容。那么，汽车美容需要哪些工具和美容产品呢？下面我们一起来了解汽车美容所需的工具和产品。

（二）相关知识

1. 清洗工具

1) 毛巾

在专业汽车美容店中，通常需配备多种类型的毛巾，根据擦拭部位不同，可分为大毛巾、小毛巾和干毛巾。其中：大毛巾专攻车身表面的手工清洗与擦拭；小毛巾聚焦于清洁车身凹槽、门边和缝隙及内饰等精细部位的污垢；干毛巾则用于二次擦拭车身残留水渍，有效防止车漆产生水斑。特别提醒：推荐选用纯棉材质且不易掉毛的毛巾。

2) 麂皮

擦干未干水分时，若使用干毛巾可能损伤漆膜，而麂皮擦拭则能迅速吸干水分。麂皮质地柔软、耐磨且防静电，还可用于车身打蜡后抛出镜面光泽。

3) 海绵

海绵兼具柔软、弹性优良、吸水性出众及藏土能力强等特点，可分为软海绵与粗海绵。软海绵常用于汽车美容中的车表清洁，可有效保护车漆并提升作业效率；粗海绵则适用于强力清除顽固污垢或清洗轮胎。进行汽车车身清洗时需特别注意：

(1) 不可将软海绵与粗海绵共用同一容器（如水桶等）。

(2) 软海绵与粗海绵禁止混用，应严格区分使用场景。使用软海绵清洁车身时，需特别注意：每清洁完一个区域后，应将其浸入装洗设备中充分泡洗，清除表面吸附的颗粒物，方可继续清洁下一区域。

4) 洗车泥

当清洗车辆时，若遇到海绵和清洗剂均无法清除的沥青或化学粉尘颗粒，可先用水浸湿漆面，随后配合喷壶喷水使用洗车泥，在污垢处反复、缓慢地擦拭，就能彻底清除漆面上此类顽固污渍。

2. 清洗设备

1) 蒸汽清洗机

蒸汽清洗机适用于清除汽车驾驶室及车厢内的各类污渍，可对丝绒、化纤、塑料、皮革等材质进行深度清洁，同时有效清除车身外部塑料件表面的顽固蜡迹。该设备不仅具备卓越的去污能力，更能实现高效杀菌消毒，尤其擅长清除带异味的污垢，令皮革恢复弹性，使丝绒与化纤重现原有光泽，是汽车美容的理想选择。

2) 泡沫清洗机

泡沫清洗机通过压缩空气在设备内部形成稳定压力，由专用系统将调配好的清洗液转化为泡沫状并喷射至汽车或其他物体表面。其气动控制系统保障压力恒定，具有流量充沛、操作简易、使用便捷的优势。

3) 可移动式汽车清洗机

可移动式汽车清洗机主要由电动机、水泵、水管、喷枪及电源线等核心部件构成。

电动机驱动水泵加压输水至喷枪，喷枪可调节喷嘴控制水流强度和角度；电源线供电确保稳定。该清洗机便携，可移动至车库、停车场等地，无需固定水源，操作灵活便捷，适合清除车身上的尘土泥沙，高效节水且噪声低。

4) 固定式汽车清洗机

(1) 喷头固定式清洗机。

标准喷头固定式汽车清洗机通常包含电动机、离心水泵、直头喷管、旋转喷头及清洗台等组件。

(2) 滚刷固定式清洗机。

滚刷固定式清洗机采用专用滚刷清洁汽车外表面，主要由电动机、低压水泵、管路、喷嘴、滚刷及清洗台构成，是目前国际主流的清洗设备。

(3) 多功能固定清洗机。

多功能固定清洗机通过自动化控制系统对整车外表面进行全面清洗，包含汽车自动输送线、滚刷、滚子百叶窗挡板、喷水清洗系统、排水系统及控制装置。车辆进入输送线后，系统将其自动导入清洗通道。操作人员可根据车型、污垢分布及客户需求，通过控制装置精准控制清洗模式、水流水压、喷射方向及水流形态等参数。清洗完成后，亦可提供局部深度清洁、车身精处理、上柔软剂或打蜡抛光等增值服务。

此外，这些增值服务通过智能算法自动匹配车辆特性，确保局部深度清洁并针对顽固污渍进行高压冲洗，车身精处理则采用纳米涂层技术提升光滑度。系统还支持实时水质监测和循环过滤功能，减少水资源消耗高达30%。操作人员可通过触摸屏界面预设多种场景模式，例如雨季泥泞清洗或冬季盐渍处理，提高工作效率。设备内置故障诊断模块，自动提示维护周期，保障长期稳定运行。

3. 其他设备

1) 吸尘器

汽车内部空间狭小、结构复杂，易产生室内污染，如不及时清理，会严重影响驾驶人的身体健康。吸尘器是一种能吸除灰尘、脏物及碎屑的电器设备。

2) 脱水机

(1) 产品性能：大负荷、高效率，可装载 13 kg 脱水物，3 min 即可完成脱水；采用不锈钢外壳，外形美观。

(2) 技术参数：符合脱水机的主要技术参数标准。

(3) 适用范围：适用于汽车内饰物的清洗脱水。

（三）实训过程

微案例 1：汽车美容工具认知

【案例要求】

1. 通过实训过程认识汽车美容工具。

2. 通过老师的示范讲解，让各小组认识汽车美容工具。

3. 以小组为单位，共同完成对汽车美容工具洗车机的认识，填写信息补充完整工作页的相应内容。

【操作步骤】

步骤 1：确认工具齐全、安全，如表 1-2 所示。

表 1-2 设 备 名 称

序号	设备名称	学生确认情况
1	可移动式汽车清洗机	
2	脱水机	
3	吸尘器	
4	毛巾	
5	麂皮	
6	海绵	
7	洗车泥	
8	泡沫清洗机	
9	蒸汽清洗机	
10	固定式汽车清洗机	

步骤 2：展示工具设备并说明名称（见图 1-1 ～图 1-10)。

图 1-1 名称：_____

图 1-2　名称：＿＿＿＿＿＿

图 1-3　名称：＿＿＿＿＿＿

图 1-4　名称：＿＿＿＿＿＿

图 1-5　名称：＿＿＿＿＿＿

图 1-6　名称：＿＿＿＿＿＿

图 1-7　名称:_____

图 1-8　名称:_____

图 1-9　名称:_____

图 1-10　名称:_____

步骤 3：简易操作演示洗车机。

(1) 检查设备连接情况及环境安全情况，如图 1-11 所示。

图 1-11　洗车机连接图

(2) 打开清洗机电源开关，如图 1-12 所示。

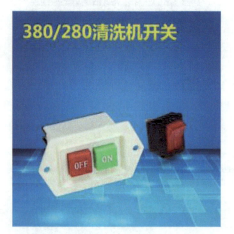

图 1-12　打开清洗机电源开关

(3) 调整喷水压力和喷射形状，如图 1-13 所示。

图 1-13　调整喷水压力和喷射形状

注意：使用过程中注意不要将水对准人员。

微案例 2：汽车美容与装饰产品认知

案例要求：

1.通过老师的示范讲解，让各小组认识汽车美容与装饰产品。

2.以小组为单位各自完成汽车美容与装饰产品蜡的认识，填上数据补充完整工作页相应内容。

步骤 1：确认美容产品齐全、安全，如表 1-3 所示。

表 1-3　美容产品名称

序号	设备名称	学生确认情况
1	蜡	
2	车窗膜	
3	倒车雷达	
4	DVD	

步骤 2：展示美容产品并说明名称 (见图 1-14 ～图 1-17)

图 1-14　名称：_____

图 1-15　名称：_____

图 1-16　名称：_____

图 1-17　名称：_____

四、总结评价与作业

1. 小组汇报实施成果，如表 1-4 所示。

表 1-4　实训操作结果汇报

案例名称	汽车美容工具与护理用品认知	
自检 (质检) 基本情况		
自检组别	第　　　组	
本组组员	组长：	组员：
检　查　情　况		
是否完成		
完成时间		
工位是否符合 8S 管理		
工作页填写情况 / 案例实施情况	优点 / 已完成部分 / 正确点：	
	缺点 / 未完成部分 / 错误点：	
超时或未完成的主要原因		
检查人签字：	日期：	

2. 小组互评，如表 1-5 所示。

表 1-5　实训过程性评价表（小组互评）

组别：_____　　　组员：_____　　　案例名称：_____

学习环节	评 分 细 则	被评组别／组员 第___组／姓名_____	
		分值	得分
相关知识	相关知识填写完整、正确	4	
	演讲、评价、展示等社会能力	4	
操作过程	小组成员分工明确合理，每人的职责均已完成	4	
	能够认识可移动式汽车清洗机	8	
	能够认识泡沫清洗机	8	
	能够认识蒸汽清洗机	8	
	能够认识固定式汽车清洗机	8	
	能够认识吸尘器	8	
	能够认识脱水机	8	
	能够认识毛巾	8	
	能够认识麂皮	8	
	能够认识海绵	8	
	能够认识洗车泥	8	
质量检验	任务总结正确、完整、流畅	4	
	工作效率较高（在规定时间内完成任务）	4	
总分 (100 分)	总得分：	评分人签字：	

3. 课后作业。

(1) 洗车机的种类有哪几种？

(2) 列举至少 4 种汽车美容产品。

项目 2
汽车外部清洁

一、学习目标

（一）知识目标

1. 熟悉汽车精洗所用到的设备、工具及清洁用品；
2. 熟知汽车精洗的工艺流程；
3. 能正确使用汽车精洗所用到的设备、工具及清洁用品；
4. 能双人合作，高质量完成汽车精洗的工艺流程；
5. 养成勤于动手的实践能力；
6. 树立严谨分析的思维意识；
7. 通过分工合作完成实训任务，培养团队合作意识。

（二）思政目标

1. 通过项目合作，培养团队合作精神和沟通协调能力；
2. 培养精益求精的工匠精神。

二、资源准备

1. 教学场地

汽车美容与装饰实训室（该实训室布置为理实一体化教室，配有设备、桌椅、多媒体、挂图、制度，共 8 个工位）。

2. 教学资源

参考教材、视频资源、课程标准。

3. 教学设备与工具

(1) 整车 8 台；
(2) 洗车机、吸尘器、泡沫机；
(3) 3M 汽车护理用品 8 套。

4. 安全要求及注意事项

(1) 操作洗车机电源开关要佩戴绝缘手套；

(2) 设备有安全标识的地方需要在老师的指导和监管下操作，不能私自操作。

5. 职位分工

每个班平均 56 人，分成 8 个小组，每小组 7 人，如表 2-1 所示。

表 2-1　小 组 分 工 表

序号	模拟岗位	人　数	职　　责
1	小组长	1	全面负责本小组管理
2	技术员	1	负责小组内技术问题
3	安全员	1	负责小组内安全检查
4	成员	4	完成老师与小组长安排的任务

三、学习过程

（一）案例描述

美容技师卡卡针对车主的个性化美容需求，精心挑选汽车精洗设备和用品，在专业工位严格遵循标准化操作工艺，高效地在指定时间内完成精洗项目。假设你现在就是这位美容技师，你将如何规划工作流程以卓越完成要求？接下来，让我们共同探索汽车清洁的专业知识。

（二）相关知识

1. 汽车清洗的作用

1) 保持汽车外观整洁

汽车在行驶中常被尘土裹挟，饱受风吹日晒；每逢雨雪天气，更需在湿滑泥泞的道路上穿行，致使车身布满泥垢，影响汽车外观。为使汽车始终保持清洁亮丽，需结合所处环境状况，经常进行清洗养护。

2) 消除大气污染的侵害

大气中含有多种对车身表面具有腐蚀性的污染物，其中酸雨的危害最为显著。其附着在车身表面会形成腐蚀性网纹或斑点，若不及时清洗将加速车漆老化。因此，在工业污染严重区域，车辆沾上酸雨后应立即前往专业美容店进行彻底清洗。

3) 清除车身表面顽渍

车身表面黏附的树油、鸟粪、虫尸、焦油和沥青飞漆等顽固污渍，如不及时清除便会腐蚀漆层，增加护理难度。为此，车主要经常检查车身表面，一旦发现腐蚀性污渍应尽快清除。若污渍已侵蚀漆层，则车主需前往专业汽车维修站或4S店进行专业喷漆处理。

2. 汽车清洗频率的判断

1) 依据天气情况进行判断

(1) 连续晴天时，一周清洗一次全车即可。

(2) 连续雨天时，可先向全车喷洒清水，待表面污物流淌脱落后，用湿布擦拭全车玻璃。待天气放晴后，需立即进行全车清洗。

(3) 若遭遇忽晴忽雨天气，应勤加清洗车身，确保车身洁净，免受侵蚀。

2) 不同路况下的清洁判断

(1) 行驶于灰尘较大或泥泞路段。

车辆行经灰尘较大或泥泞路段时，车身常被污泥溅染或附着，应尽快使用大量清水冲洗，避免污泥久置损伤漆面。

(2) 行驶于海岸露水或雾气区域。

车辆行驶在海岸露水或雾气区域时，因海水盐分重、露水雾气浓，必须用清水彻底冲洗车身，否则盐分极易侵蚀钣金。

(3) 行驶于山区露水或雾气区域。

车辆行驶在山区露水或雾气区域时，只需在停车时用湿毛巾擦拭车身即可。

3) 特殊情况

当车辆在工地停放沾染灰尘或水泥粉尘，或在行驶中遭遇天桥粉刷、路灯喷涂的油漆、路面柏油以及前方污泥车滴落的污泥时，需立即用大量清水冲洗。对于沾上油漆、柏油类污渍的部位，则必须进行打蜡处理。

3. 汽车清洗到汽车精洗的发展演变

1) 原始阶段

20世纪80年代，汽车清洗服务由车主自行清洁自有车辆发展而来。从业者仅用简易工具如水桶、毛巾、自来水管等，对车辆进行简单的外表清洗。营业场所多为路边临时搭建的场所或露天环境，面向社会车辆提供清洗服务。

其特征表现为：设施简陋，从业人员素质不高且流动性大，服务场所不固定，服务项目单一。该行业未被纳入政府部门管理体系，部分洗车服务仅是停车场、餐饮店招揽生意的附属项目。

2) 成长阶段

20世纪80年代末90年代初，汽车清洗主要依赖高压水枪、蓄水池、洗衣粉等简易工具。行业已形成相对固定的经营场所与从业群体，这些服务网点基本被纳入工商税务部门的监管体系。

其特征表现为：服务项目单一、技术标准缺失，但逐渐发展为社会刚需的服务产业，并吸纳了大量农村劳动力。

3) 垄断阶段

1991—1993 年，各地政府部门为创建卫生城市、提升城市综合形象，采取了一项强制措施：在城市要道口修建大型洗车场，这些洗车场拥有成套的专用设备，如清洗机、高泡机或大型自动洗车机进行流水线作业，并普遍使用洗车液，有专门的工作人员，但服务项目仍停留在外表的普通清洗。

特征：计划经济的产物，投入高、规模大，靠行政命令推行，因违背市场经济规律而很快消失。

4) 发展阶段

1993—1996 年，我国汽车清洗行业开始接受国外汽车美容护理的基本理念，由简单的外观清洗进入车内的美容护理，有专业的汽车清洗设备，如高泡机、吸尘器、洗衣机、脚垫烤干机等，使用专业的洗车液；从业人员也具备一定的专业汽车护理常识，并且在护理的时候，根据汽车的情况进行汽车内室的护理；从业者在数量上有较大的增加，在素质上有较大的提高。

特征：同行之间的竞争不仅在于价格，更主要的是在于服务质量，从业者要用优质的服务吸引顾客，从而赢取自己的经济收入。

5) 专业阶段

1996—2003 年，相关企业已能够进行全面防锈、护理、养护等方面的汽车美容，并开始研究顾客潜在的需求。从业人员专业素质较高，技术人员一般都毕业于专业学校，能够深刻领会并具体落实专业洗车方式和科学的美容方法。

特征：企业内部有较科学的管理模式，同行之间的竞争由硬性发展为软性，竭力为客户提供享受式的服务，如在汽车美容店配置休闲茶楼、方便购物的精品店、供顾客活动的娱乐室等，并根据情况引导顾客消费，但这种配套的、专业的汽车美容服务店在全国只占 1/5 的比例。

6) 现代化阶段

2003 年以后，汽车美容行业发展为品牌化和规模化的汽车美容服务网络，其理念表现为"绿色环保、以人为本的个性化服务"。企业拥有专业的全套汽车美容技术和科学养护方式，使用绿色环保设备、绿色环保护理用品等统一专业的施工操作流程。

特征：单就汽车清洗而言，无论是大型、中型还是小型汽车美容店，都通过增添一些附加服务项目，如车身柏油等污物的清除、轮毂清洗、发动机舱清洁等，逐渐由汽车清洗（普洗）过渡到了汽车精洗的阶段。

（三）实训过程

微案例：汽车外部清洗

【案例要求】

1. 根据实训过程准备汽车美容工具。

2.通过老师的示范讲解，各小组认知操作流程。

3.以小组为单位，共同完成汽车外部清洗实训操作，填写信息补充完整工作页的相应内容。

【操作步骤】

步骤 1：轮胎清洗，如图 2-1 所示。

图 2-1　轮胎清洗

要点：1 号、2 号分别使用软水配合硬质轮胎_____对左右两边车轮的轮胎进行刷洗，确保_____。

步骤 2：轮毂清洗，如图 2-2 所示。

图 2-2　轮毂清洗

要点：1 号、2 号分别使用_____配合_____（灰色）对左右两边车轮的轮毂进行擦洗，确保干净无污物。

步骤 3：漆面预洗，如图 2-3 所示。

图 2-3　漆面预洗

要点：1 号、2 号分别使用_____至车身外表上。此步骤主要目的是_____，使车身外表附着的泥沙更易冲洗，防止沙粒在漆面摩擦产生划痕。

步骤 4：花洒软水冲洗，如图 2-4 所示。

图 2-4　花洒软水冲洗

要点：1 号、2 号分别使用花洒软水对车身外观左右两边进行冲洗。若漆面污物较多，可适当_____压力。冲洗完毕之后，要确保车身大部分泥沙被冲洗掉。

步骤 5：喷洒洗车香波，如图 2-5 所示。

图 2-5　喷洒洗车香波

要点：1 号、2 号分别使用＿＿＿＿＿＿＿＿＿＿至车身外表上。

步骤 6：车身裙边清洗，如图 2-6 所示。

图 2-6　车身裙边清洗

要点：1 号、2 号分别使用专用灰色海绵对车身裙边进行擦洗。在擦洗过程中，专用灰色海绵仅用于＿＿＿＿＿＿＿＿＿＿擦洗，不能用于其他部位。

步骤 7：全车污垢清洗，如图 2-7 所示。

图 2-7　全车污垢清洗

要点：1 号、2 号分别佩戴专用洗车去污手套，配合＿＿＿＿＿＿＿＿＿＿对全车漆面进行擦拭和冲洗。要注意＿＿＿＿＿＿＿＿＿＿等处的清洁。

步骤 8：门边、边缝清洁，如图 2-8 所示。

图 2-8　门边、边缝清洁

要点：1 号、2 号分别使用＿＿＿＿＿＿＿＿（棕色）将全车门边、边缝中的水擦拭干净。

步骤 9：玻璃外表面清洁，如图 2-9 所示。

图 2-9　玻璃外表面清洁

要点：2 号使用玻璃清洁剂配合＿＿＿＿＿＿＿＿（蓝色）对玻璃外表面进行清洁，确保干净无污物。

步骤 10：车辆展示，如图 2-10 所示。

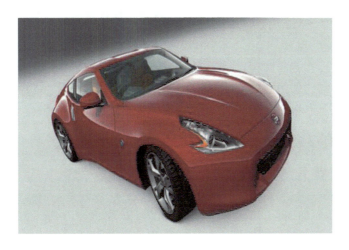

图 2-10　车辆展示

 四、总结评价与作业

1. 小组汇报实施成果，如表 2-2 所示。

表 2-2　实训操作结果汇报

案例名称		汽车外部清洗
自检 (质检) 基本情况		
自检组别		第　　组
本组组员	组长：	组员：
检 查 情 况		
是否完成		
完成时间		
工位是否符合 8S 管理		
工作页填写情况 / 案例实施情况		优点 / 已完成部分 / 正确点： 缺点 / 未完成部分 / 错误点：
超时或未完成的主要原因		
检查人签字：		日期：

2. 小组互评，如表 2-3 所示。

表 2-3　实训过程性评价表（小组互评）

组别：_____　　组员：_____　　案例名称：_____

学习环节	评 分 细 则	被评组别 / 组员	
		第____组 / 姓名_____	
		分值	得分
相关知识	相关知识填写完整、正确	5	
	演讲、评价、展示等社会能力	5	
操作过程	小组成员分工明确合理，每人的职责均已完成	5	
	工具准备	5	
	轮胎清洗	5	
	轮毂清洗	5	
	漆面预洗	10	
	花洒软水冲洗	10	
	喷洒洗车香波	10	
	车身裙边清洗	5	
	全车污垢清洗	15	
	门边、边缝清洁	5	
	玻璃外表面清洁	5	
质量检验	任务总结正确、完整、流畅	5	
	工作效率较高（在规定时间内完成任务）	5	
总分（100 分）	总得分：	评分人签字：	

3. 课后作业。

(1) 轮胎用什么工具清洁？

(2) 玻璃表面能否用刷子清洁？

项目 3
汽车室内清洁

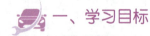

一、学习目标

（一）知识目标

1. 能正确使用汽车车室清洁护理所用到的工具及材料。
2. 能双人配合、高质量完成汽车车室清洁护理的工艺流程。
3. 通过分工合作完成实训任务，培养团队合作意识。

（二）思政目标

1. 了解环保型汽车美容产品和技术，关注环境保护，倡导绿色消费。
2. 培养精益求精的工匠精神。

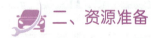

二、资源准备

1. 教学场地

汽车美容与装饰实训室（该实训室布置为理实一体化教室，配有设备、桌椅、多媒体、挂图、制度，共 8 个工位）。

2. 教学资源

参考教材、视频资源、课程标准。

3. 教学设备与工具

(1) 整车 8 台；

(2) 洗车机 1 套、洗车液 1 瓶、泡沫机 1 台、吸尘器 1 台、小毛巾 32 张、大毛巾 8 张、毛刷 8 个、表板蜡 1 瓶、一次性脚垫 8 张、龙卷风喷枪 4 把、内饰清洗液 1 瓶、魔力海绵 8 个、小毛刷 8 个。

4. 安全防护设施

(1) 操作洗车机电源开关要佩戴绝缘手套；

(2) 设备有安全标识的地方需要在老师的指导和监管下操作，不能私自操作。

5. 职位分工

每个班平均 56 人，分成 8 个小组，每小组 7 人，如表 3-1 所示。

表 3-1　小 组 分 工 表

序号	模拟岗位	人　数	职　　责
1	小组长	1	全面负责本小组管理
2	技术员	1	负责小组内技术问题
3	安全员	1	负责小组内安全检查
4	成员	4	完成老师与小组长安排的任务

 三、学习过程

（一）案例描述

美容技师卡卡根据车主的美容项目要求，选择合适的汽车车室清洁护理产品及美容工具，在汽车美容工位按照规范的汽车车室清洁护理操作工艺，完成对全车车室清洁护理的操作过程。假设你现在就是这位美容技师，你计划怎么完成工作要求？下面我们一起来了解汽车车室清洁的相关知识。

（二）相关知识

1. 汽车内饰清洁护理的必要性

车厢内饰部分平时受外界油、尘、泥沙、烟雾、乘客汗渍及空调循环等不良因素的影响，使车厢内空气受污染，内饰中的地毯、真皮或丝绒座椅、空调风口、后备箱等处，经常接触潮湿的空气和水渍，使丝绒发霉、真皮老化，甚至产生难闻的气味，还会滋生细菌，既影响驾驶员身心健康又不利于其驾驶心情。因此，汽车内室的清洁护理非常重要，一般 3 个月应做一次全套汽车内室专业护理。

2. 常见的汽车内室清洁护理方法

1) 汽车内室污垢种类与形成过程

(1) 污垢的种类。

① 水溶性污垢，包括糖浆、果汁中的有机酸、盐、血液及黏附性的液体等。

② 非水溶性固体污垢，包括泥、沙、金属粉末、铁锈、虫尸等。

③ 油脂性污垢，包括润滑油、漆类产品、油彩、沥青及食物油等。

(2) 污垢的形成过程。

① 黏附。污垢会在重力作用下停落或黏附在物件的表面,当有压力或摩擦力产生时,污垢也会渗透物件的表层,变得难以去除,如汽车座椅上的油渍、咖啡渍等。

② 渗透。饮料或污水会渗透物件的表面,被物件吸收,以致很难清除,如车门内饰板、后挡台、脚垫上的饮料或血渍等。

③ 凝结。 黏性污垢变干凝固后,会紧紧粘贴在物件表面,如汽车内饰丝绒、脚垫或地毯表面的油类污垢。

2) 去除污垢的方法

想有效地清洗污渍,需要以下 4 个方面相互配合,才能发挥最佳的清洁效果。

(1) 高温蒸汽可以使极难去除的污垢,在清洗之前先软化,为手工清洁部件上的污渍做好准备。

(2) 用水可去除水溶性污垢,但不能去除油脂性污垢,而且难以清洁内部难以触及部件上的水溶性污垢。

(3) 清洁剂能去除轻油脂及重油脂类污垢,使水分渗入内饰丝绒化纤制品内部。

(4) 清洗汽车内室部件时,拍打、刷洗、挤压等皆有助于去除污垢。按照使用设备的不同,清洗可以分为机器清洗和手工清洗。

3. 汽车内室清洁护理小技巧 (内饰件常见顽固污迹的清除)

(1) 清除霉:内饰件受污染未及时清洁导致霉变,对此进行清除时,可以先用热肥皂水清洗霉点,然后用冷水漂洗干净,再将其浸泡在盐水中,最后用专用清洗剂清洗并擦干。

(2) 清除口香糖:清除口香糖时,可用冰块使其硬化,然后用钝刀片将其刮掉,最后用清洗剂清洁并擦干。

(3) 清除焦油:可先用冷水彻底刷洗焦油,如难以去除干净,可用焦油去除清洗剂浸润一段时间,然后擦拭干净。

(4) 清除黄油、机油等:可使用专用的油污去除剂,从污迹周边向中心清洗,当污迹被洗掉后用毛巾擦干。

(5) 修理人造革裂口:座椅、门边内衬等常使用人造革,在使用过程中,难免会出现意外损伤情况,甚至出现裂口,对这类破损,可采取以下方法进行修补:先用电吹风将裂口两边吹热,再将一块纤维布衬在裂口下面,并精心将裂口两边对齐,然后压平,最后将人造革修复液涂在修理部位上,待完全干后即可。

(6) 修补地毯破损:汽车内饰地毯常见的破损有烧痕及裂口。在处理这类破损时,先将损坏部分的毛边切除,然后另找一块地毯 (或在座椅下不显眼处切下一块) 作为补片,用胶将补片沿损坏部位毛边切除处黏接上,再用毛刷理顺接缝即可。

（三）实训过程

微案例：汽车内室清洗护理

【案例要求】

1. 通过老师的示范讲解，各小组进行操作。

2. 以小组为单位，完成汽车内室清洗养护的实训操作，填写信息补充完整工作页的相应内容。

【操作步骤】

步骤 1：取出车内杂物，如图 3-1 所示。

图 3-1　杂物放置

要点：将车内杂物取出后，暂时放入收纳箱内。取出过程中要记得＿＿＿＿＿＿＿，便于操作完成后将杂物归于原位。

步骤 2：缝隙吹尘，如图 3-2 所示。

图 3-2　缝隙吹尘

要点：分别使用吹尘枪将＿＿＿＿＿＿＿＿＿＿等缝隙中的灰尘吹出。

步骤 3：全车室内吸尘，如图 3-3 所示。

图 3-3　室内吸尘

　　要点：应遵循从高到低的原则，首先进行顶棚的除尘，然后依次是仪表板、座椅、车门内侧及行李箱。地板吸尘要分＿＿＿＿＿＿＿操作，第一次使用普通吸头吸除沙粒等大颗粒物；第二次更换带刷子的吸头，在刷动的同时吸尘，重点清除附着灰尘。

　　步骤 4：顶棚的清洁护理，如图 3-4 所示。

图 3-4　顶棚清洁

　　要点：将内饰清洗液喷到污垢处，稍停片刻，用干的洁净纯棉布或毛巾将顶棚中的丝绒清洁剂污液吸出，再从污迹边缘向中心进行擦拭。污垢严重时可重复以上操作多次，处理干净后用另一块干净的棉布＿＿＿＿＿＿＿的绒毛方向抹平，使其恢复本来的容貌。

　　步骤 5：仪表台、方向盘、中控面板的清洁护理，如图 3-5 所示。

图 3-5　仪表台等清洁

　　要点：对仪表台、方向盘、中控面板的清洁，只需将内饰清洗液喷涂在其表面，并配合魔力海绵在其表面轻轻擦拭，清洁、上光一次完成，即可得到一个干净光亮的表面。如果个别部位积垢太多，无法清除，可以先喷洒专用塑料皮革清洁剂，然后用软毛刷刷除，再用蘸有清水的毛巾擦拭，最后用麂皮吸去该部位上面的水分。中控面板处有音响等电器设备，清洁时_____带有清洗液，只要用半干的毛巾轻轻擦拭即可。

步骤 6：座椅的清洁护理，如图 3-6 所示。

图 3-6　座椅清洁护理

要点：对皮质座椅，将内饰清洗液喷到座椅表面，稍停片刻，用内饰毛巾仔细擦拭，擦拭时不可将座椅弄得太湿，以免清洗液顺着接缝渗入座椅内部；擦拭从四周向中间逐渐进行，要注意座椅周围的装饰板也要清洁到位，再用一块干的软毛巾将其擦干；然后打开车门，使空气流通，晾干皮革上的水分。当皮革座椅不太脏时，可直接用真皮上光保护剂进行清洁上光护理。

步骤 7：门饰板的清洁护理，如图 3-7 所示。

图 3-7　门饰板清洁护理

要点：一般汽车的门饰板距离坐车人近，最容易因手的接触而弄脏，导致油污等较多，可采用与座椅清洁相同的方式进行。

步骤 8：空调进出风口的清洁护理，如图 3-8 所示。

图 3-8　空调进出风口清洁护理

要点：空调系统进出风口沾染的污垢比较简单，基本为粉尘沉降。由于空调通风口有格栅，清洁时可以用小的软毛刷配合仔细清洗。

步骤9：地毯的清洁护理，如图3-9所示。

图3-9　地毯清洁护理

要点：地毯多为纤维织物制作，对于不可拆卸的地毯，可使用＿＿＿＿＿＿＿进行清洁。如果地毯很脏，可使用专用地毯清洗液进行强力清洗。

步骤10：去除行李箱的灰尘，如图3-10所示。

图3-10　行李箱灰尘去除

要点：行李箱的清洁主要是去除灰尘。对行李箱的密封条，可用＿＿＿＿＿＿＿清洁，然后用毛巾吸干水分。

步骤11：行李箱的清洁，如图3-11所示。

图3-11　行李箱清洁

要点：对于铺设胶垫的行李箱，可用毛巾蘸上清洗液进行擦洗；对于铺设丝绒地毯的行李箱，可按地毯的清洗方法进行清洁。

步骤 12：皮革上光保护，如图 3-12 所示。

图 3-12　皮革上光保护

要点：将真皮上光保护剂喷在打蜡海绵上，像打蜡一样，均匀涂在仪表台、座椅等皮革表面，包括所有的塑料饰件，_____ 后用干毛巾擦干，作为最后的上光工序进行处理。

步骤 13：车内杂物复位，如图 3-13 所示。

图 3-13　车内杂物复位

要点：将收纳箱中取出的杂物放回车内原位。

步骤 14：质检，如图 3-14 所示。

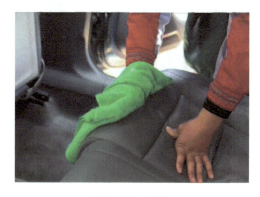

图 3-14　质检

要点：将全车各个内饰件再仔细检查一遍，对于清洁护理不到位的地方及时进行补救。

四、总结评价与作业

1. 小组汇报实施成果，如表 3-2 所示。

表 3-2　实训操作结果汇报

案例名称	汽车室内清洁	
自检 (质检) 基本情况		
自检组别	第　组	
本组组员	组长：	组员：
检查情况		
是否完成		
完成时间		
工位是否符合 8S 管理		
工作页填写情况 / 案例实施情况	优点 / 已完成部分 / 正确点：	
	缺点 / 未完成部分 / 错误点：	
超时或未完成的主要原因		
检查人签字：	日期：	

2. 小组互评，如表 3-3 所示。

表 3-3　实训过程性评价表（小组互评）

组别：＿＿＿＿＿＿＿＿　组员：＿＿＿＿＿＿＿＿　案例名称：＿＿＿＿＿＿＿＿

学习环节	评 分 细 则	被评组别 / 组员 第＿＿＿组 / 姓名＿＿＿＿＿	
		分值	得分
相关知识	相关知识填写完整、正确	5	
	演讲、评价、展示等社会能力	5	
操作过程	小组成员分工明确合理，每人的职责均已完成	5	
	操作前检查	5	
	杂物放置	5	
	缝隙吹尘	5	
	室内吸尘	5	
	顶棚清洁	5	
	仪表台等的清洁	5	
	座椅清洁护理	5	
	门饰板清洁护理	5	
	空调清洁	5	
	地毯清洁	5	
	行李箱灰尘去除	5	
	行李箱清洁	5	
	皮革上光保护	5	
	车内杂物复位	5	
	检查	5	
质量检验	任务总结正确、完整、流畅	5	
	工作效率较高（在规定时间内完成任务）	5	
总分 (100 分)	总得分：	评分人签字：	

3. 课后作业。

(1) 对于铺设胶垫的行李箱，可用什么擦洗？

(2) 真皮上光保护剂喷在打蜡海绵上，像打蜡一样，均匀涂在仪表台、座椅等皮革表面，包括所有的塑料饰件，等待多长时间后用干毛巾擦干，作为最后的上光工序进行处理？

项目 4

汽车发动机舱清洁

 一、学习目标

（一）知识目标

1. 能正确使用汽车发动机舱清洁所用到的工具及材料。
2. 能双人配合、高质量完成汽车发动机舱清洁的工艺流程。
3. 通过分工合作完成实训任务，培养团队合作意识。

（二）思政目标

1. 培养环保意识，正确使用环保护理产品；
2. 培养职业道德素养和精益求精的职业精神。

二、资源准备

1. 教学场地

汽车美容与装饰实训室（该实训室布置为理实一体化教室，配有设备、桌椅、多媒体、挂图、制度，共 8 个工位）。

2. 教学资源

参考教材、视频资源、课程标准。

3. 教学设备与工具

(1) 整车 8 台；

(2) 洗车机 1 套、洗车液 1 瓶、泡沫机 1 台、吸尘器 1 台、小毛巾 32 张、大毛巾 8 张、毛刷 8 个、表板蜡 1 瓶、一次性脚垫 8 张、龙卷风喷枪 4 把、发动机清洗剂 A 款 1 瓶、发动机清洗剂 B 款 1 瓶、线束绝缘护理剂 1 瓶、魔力海绵 8 个、塑料件镀膜剂 1 瓶、塑料件保护剂 1 瓶、牙刷 8 把、扁漆刷 8 把、长把刷 8 把、遮蔽纸 8 张。

4. 安全防护设施

(1) 操作洗车机电源开关要佩戴绝缘手套；

(2) 设备有安全标识的地方需要在老师的指导和监管下操作，不能私自操作。

5. 职位分工

每个班平均 56 人，分成 8 个小组，每小组 7 人，如表 4-1 所示。

表 4-1　小组分工表

序号	模拟岗位	人数	职责
1	小组长	1	全面负责本小组管理
2	技术员	1	负责小组内技术问题
3	安全员	1	负责小组内安全检查
4	成员	4	完成老师与小组长安排的任务

三、学习过程

（一）案例描述

美容技师卡卡根据车主的美容项目要求，选择合适的汽车发动机舱清洁剂及美容工具，在汽车美容工位按照规范的汽车发动机舱清洁操作工艺，完成对汽车发动机舱清洁的操作过程。假设你现在就是这位美容技师，你计划怎么完成工作要求？下面我们一起来了解汽车发动机舱清洁的相关知识。

（二）相关知识

1. 汽车发动机舱为什么要做清洗护理

(1) 电路、油路等塑胶线材表面缺少专业的养护导致过早老化和龟裂。发动机室常年高温，如果机箱中的电线、油管龟裂，造成包裹电线的橡胶层断裂，进而老化，与机油接触，或者电线碰到高温的机器，就有可能产生火花，造成发动机自燃。

(2) 发动机表面的油污。发动机表面的油污受热，形成油气，会和灰尘混合在一起，时间一长就会形成油泥，如果得不到及时有效的处理，就会阻碍铝合金外壳有效散热，同时会造成发动机功率下降，油耗增大，更严重的是会导致安全事故。

(3) 电池连接头金属件部分容易上锈、腐蚀。汽车发动机平时处于封闭潮湿和高温的环境下，在这种环境下电池连接头最容易发霉和接触不良。

(4) 发动机舱堆积杂物。如果汽车经常停在树底下，其前机盖和前风挡之间会积存一些树叶之类的杂物，如果这些杂物掉入高温的机舱则很容易燃烧，从而带来严重的安全隐患。

2. 汽车发动机舱清洁质检标准

(1) 发动机表面干净、整洁；

(2) 发动机表面光亮如新；

(3) 引擎盖内侧清洁、干净；

(4) 发动机底部无泥沙；

(5) 发动机运转正常。

3. 注意事项

(1) 施工前一定要检查发动机运转是否正常，各部件是否有破损，如果有异常需告知客户，并请客户在施工确认单上签字；

(2) 一定要等发动机冷却后才能施工；

(3) 发动机电脑板部分要特别注意，千万不能有水分进入。

（三）实训过程

微案例：汽车发动机舱清洁

【案例要求】

1. 通过老师的示范讲解，各小组进行操作。

2. 以小组为单位，完成汽车发动机舱清洁的实训操作，填写信息补充完整工作页的相应内容。

【操作步骤】

步骤 1：接车开单，如图 4-1 所示。

图 4-1　接车开单

要点：根据接待流程接车，按车主需求开具_____，并让客户确认签字。

步骤 2： 操作前检查，如图 4-2 所示。

图 4-2　操作前检查

要点：启动发动机，检查发动机运转是否异常；关闭引擎，打开引擎盖，检查引擎室各部件是否完整，有无损伤。

注意：发现异常要及时通知客户，并请客户_____确认签字。

步骤 3： 遮蔽保护，如图 4-3 所示。

图 4-3　遮蔽保护

要点：使用_____封住左右翼子板、前杠及前挡玻璃，小心喷洒发动机舱清洗剂，以免溅射到上述区域；然后使用_____包扎引擎室分电盘、电机、保险盒及有破损的电器部分（还包括进气管及其他有可能进水的部位）。

注意：遮蔽前先使用风枪将发动机外表灰尘吹干净，然后先用干毛巾包扎，再用塑料袋包扎（以保护部件不被水渗湿）。

步骤 4： 清洁机舱，如图 4-4 所示。

图 4-4　清洁机舱

要点：用_____吹干净引擎盖内发动机表面杂物及灰尘，为正式清洗做准备。

注意：操作前要先检查发动机温度，如果是高温，可以使用风枪吹风不断散热，待冷却后开始清洁。

　　步骤 5：清洗机盖，如图 4-5 所示。

图 4-5　清洗机盖

　　要点：使用多功能旋风清洗枪配合发动机清洗剂 A 款配比＿＿＿＿＿＿＿＿＿，使用毛巾从上到下、从左到右进行清洗，直到清洗干净。

　　注意：有隔热棉部分一定要小心刷洗，以免刷坏。

　　步骤 6：清洁发动机周边，如图 4-6 所示。

图 4-6　清洁发动机周边

　　要点：使用多功能旋风清洗枪配合发动机清洗剂 A 款配比液＿＿＿＿＿＿＿＿＿，使用毛巾从上到下、从左到右进行清洗，直到清洗干净。

　　注意：刷不到部位的顽固污渍使用专用边缝刷进行清洁。

　　步骤 7：清洗发动机表面塑胶件，如图 4-7 所示。

图 4-7　清洗发动机表面塑胶件

　　要点：使用多功能旋风清洗枪配合发动机清洗剂 A 款配比液＿＿＿＿＿＿＿＿＿，使用毛巾从上到下、从左到右进行清洗，直到清洗干净。

注意： 电、油路管线要仔细刷洗，看是否有破损老化，不可蛮力清洗。使用专业刷子对刷不到位的部位进行清洁。有塑料保护盖的要取下进行清洗。

步骤8： 清洗发动机表面，如图4-8所示。

图4-8 清洗发动机表面

要点：对于油污油垢部分，直接喷洒 B 款发动机清洗剂，配合油污刷进行清洗。用多功能旋风清洗枪配合发动机清洗剂 A 款配比液 (1∶10)，使用毛巾_____进行清洗，清洗完用毛巾擦拭，直到清洗干净。对于发动机防火墙，使用长把刷进行清洁，边角缝部位用边角缝清洗枪进行清洁。

注意： 清洗高压包等位置时，需要及时擦拭，避免清洁剂过多。

步骤9： 风干，如图4-9所示。

图4-9 风干

要点：经检查，施工表面完全清洁干净，施工人员使用风枪将清洁表面完全吹干，用干毛巾不断擦拭，保证表面完全干燥，并对空气滤清器外部进行检查维护，然后启动发动机，检查是否运转正常。

注意：_____等部位一定要吹干净水分。

步骤10： 线束护理，如图4-10所示。

图4-10 线束护理

要点：将线束绝缘护理剂倒入专用喷涂喷枪，对线管表面及插头进行喷涂，喷枪喷涂范围调到_____。

注意：喷涂表面不能有水或油污。

步骤 11：塑胶保护，如图 4-11 所示。

图 4-11　塑胶保护

要点：取出塑胶件保护剂配合_____在塑胶表面即可。

步骤 12：整理清洁，如图 4-12 所示。

图 4-12　整理清洁

要点：清洁遮蔽膜及遮盖部位，收拾整理工具归位。保持干净亮丽的工作环境，方便再次施工。

步骤 13：检查交车，如图 4-13 所示。

图 4-13　检查交车

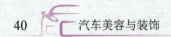

要点：首先施工人员进行自检，然后通知质检人员检查。检查合格后，将车移至交车区，钥匙交由前台通知车主提车。

注意：正确填写质检单，发现问题马上返工处理。

 四、总结评价与作业

1. 小组汇报实施成果，如表 4-2 所示。

表 4-2　实训操作结果汇报

案例名称	汽车发动机舱清洁	
自检 (质检) 基本情况		
自检组别	第　　组	
本组组员	组长：	组员：
检 查 情 况		
是否完成		
完成时间		
工位是否符合 8S 管理		
工作页填写情况 / 案例实施情况	优点 / 已完成部分 / 正确点： 缺点 / 未完成部分 / 错误点：	
超时或未完成的主要原因		
检查人签字：	日期：	

2. 小组互评，如表 4-3 所示。

表 4-3　实训过程性评价表（小组互评）

组别：_____　　组员：_____　　案例名称：_____

学习环节	评 分 细 则	被评组别/组员 第____组/姓名_____	
		分值	得分
相关知识	相关知识填写完整、正确	5	
	演讲、评价、展示等社会能力	5	
操作过程	小组成员分工明确合理，每人的职责均已完成	5	
	接车开单	5	
	操作前检查	5	
	遮蔽保护	5	
	清洁机舱	5	
	清洗机盖	5	
	清洁发动机周边	10	
	清洗发动机表面塑胶件	10	
	清洗发动机表面	5	
	风干	5	
	线束护理	5	
	塑胶保护	5	
	整理清洁	5	
	检查交车	5	
质量检验	任务总结正确、完整、流畅	5	
	工作效率较高（在规定时间内完成任务）	5	
总分 (100 分)	总得分：	评分人签字：	

3. 课后作业。

(1) 除了火花塞、高压线、分电盘、插头接口等部位一定要吹干水分外，再列举至少1个需要吹干水分的部件。

(2) 清洗机盖时，可以选择从上到下、从右到左的顺序吗？

模块二

汽车漆面养护

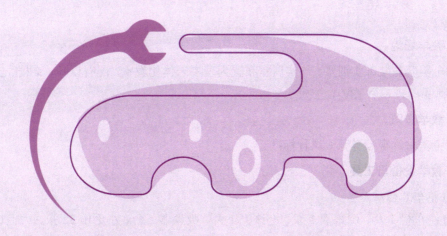

项目 5
汽车漆面抛光

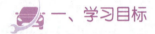

一、学习目标

（一）知识目标

1. 能正确使用汽车漆面抛光所用到的工具及材料。
2. 能高质量完成汽车漆面抛光的工艺流程。
3. 能正确运用抛光机的基础使用方法。
4. 通过分工合作完成实训任务，培养团队合作意识。

（二）思政目标

1. 强化环保意识，使用环保耗材，倡导绿色美容、低碳装饰理念。
2. 培养注重科学方法施工的意识以及探索未知的责任感和使命感。

二、资源准备

1. 教学场地

汽车美容与装饰实训室（该实训室布置为理实一体化教室，配有设备、桌椅、多媒体、挂图、制度，共 8 个工位）。

2. 教学资源

参考教材、视频资源、课程标准。

3. 教学设备与工具

(1) 整车 8 台；

(2) 洗车机 1 套、洗车液 1 瓶、泡沫机 1 台、吸尘器 1 台、小毛巾 32 张、大毛巾 8 张、毛刷 8 个、抛光机 8 台、抛光蜡（粗、中、细）8 瓶、抛光盘 8 个、遮蔽纸 8 卷、遮蔽膜 8 张。

4. 安全防护设施

(1) 操作洗车机电源开关要佩戴绝缘手套；

(2) 设备有安全标识的地方需要在老师的指导和监管下操作，不能私自操作。

5. 职位分工

每个班平均 56 人，分成 8 个小组，每小组 7 人，如表 5-1 所示。

表 5-1　小 组 分 工 表

序号	模拟岗位	人数	职　　责
1	小组长	1	全面负责本小组管理
2	技术员	1	负责小组内技术问题
3	安全员	1	负责小组内安全检查
4	成员	4	完成老师与小组长安排的任务

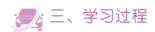

三、学习过程

（一）案例描述

美容技师卡卡根据车主的美容项目要求，利用抛光机与抛光蜡等研磨材料，在汽车美容工位按照规范的漆面抛光操作工艺，在一定的时间内完成对全车或局部抛光的操作过程，以达到整平表面、提高光泽度的目的。假设你现在就是这位美容技师，你计划怎么完成工作要求？下面我们一起来了解汽车漆面抛光的相关知识。

（二）相关知识

1. 抛光的作用

(1) 清除漆层表面的轻微氧化及研磨剂所留下的痕迹。

(2) 以化学切割的方式填平漆面上的凹点，其中包括脱脂、消除漆面瑕疵。

(3) 使漆膜达到镜面般的平滑，为后续的漆面护理打好基础。

2. 抛光艺术实质

抛光能产生光亮无瑕的漆面艺术效果，是与其艺术实质密不可分的，要达到上述目的，一般来说有 3 种途径：

(1) 依靠研磨，即依靠摩擦材料去除细微划痕。

(2) 依靠釉剂，抛光剂中大多含有晶亮釉成分，抛光到一定程度后，可依靠釉的光泽来弥补漆面残存的缺陷。

(3) 依靠化学反应，靠抛光机转速的调整而使抛光剂产生化学反应。

前两种途径在日常美容中应用最为广泛，主要原因是初学者对抛光机的转速、抛光头的材料、漆面结构性质以及抛光剂的功效之间的关系了解不够，经验不足，因此对抛光的要求也不高，即使漆面不十分光滑也没有关系，可以通过封釉来弥补。通常把通过这种途径得来的漆面光泽称为"虚光"，虚光的特点是无法最终达到镜面效果，且光泽缺乏深度，保持时间短。有经验的护理技师会利用抛光时产生的热能，使车漆与抛光剂之间发生化学反应、产生能量转换，进而消除细微划痕，让漆面显示出自身的光泽，然后实施封釉，达到真正的抛光目的，为汽车锦上添花。

3. 涂料成膜机理

涂料由液态或粉末变成固态，在车身表面形成一层均匀薄膜，这一过程称为涂装。汽车漆面涂装可分为以下 3 种方式：

(1) 电泳涂装。

新车的底漆涂装一般在高度自动化的生产线上完成。这是一种基于电化学原理的先进涂装技术，具体操作是将车身浸入含有带电油漆微粒的电泳槽中，同时施加直流电压。在此过程中，油漆颗粒会均匀地沉积在金属表面，进而形成一层致密、均匀的底漆涂层。该工艺能显著提高车身的防腐蚀性能，增强涂层的附着力和耐久性。如今，电泳涂装已成为现代汽车大规模生产中底漆涂装的标准工艺。

(2) 静电喷涂。

静电喷涂是基于静电吸附原理的一种先进涂装技术。在喷漆时，涂料通过高压静电发生器实现带电雾化，形成带负电荷的微粒；而车身接地或带正电荷，这样会产生强大的电场吸引力，促使涂料颗粒均匀、定向地吸附到金属表面。该工艺不仅能精准把控漆膜厚度，还能高效覆盖车身的复杂曲面和缝隙，确保涂装无死角。凭借出色的均匀性、高附着力和光滑度，静电喷涂成为现代汽车涂装中实现高品质外观的核心工艺。

(3) 压缩空气喷涂。

压缩空气喷涂是利用压缩空气将涂料雾化并喷射到工件表面的基础涂装技术。其核心原理为：压缩空气高速通过喷枪喷嘴时，会在涂料出口处形成负压，将液态涂料吸出并冲击粉碎成细微颗粒，形成雾化喷流。操作者可通过喷枪控制喷涂距离、移动速度和喷涂扇面角度，使涂料均匀覆盖目标区域。该工艺设备结构相对简单，操作灵活，适用于小批量、多品种或形状复杂的工件涂装，在汽车修补涂装领域应用尤为广泛。

4. 车身漆面的类型

按漆面劣化、损坏的程度划分，车身漆面可分为以下几种：

(1) 新车漆面。新车下线之前，必须进行漆面保护。目前，只有少部分汽车在全车涂上保护蜡，这类车在出售后，必须使用专业的开蜡水对车漆做开蜡处理，之后方能投入使用。大部分新车在下线后会粘贴保护膜，这类车无须开蜡，可以根据用户需求进行漆面清洗、打蜡护理或封釉护理。

(2) 轻微损伤漆面。由于外界环境因素，如紫外线、有害气体、酸雨、盐碱气候，以及制动盘与蹄片磨损产生的粉尘、马路粉尘等，都会对漆面形成氧化层，造成亚光或老化现象。这些轻微损伤，通过专业的美容护理，即可让汽车恢复洁亮如新的效果。

(3) 擦伤的漆面。擦伤的漆面是指损伤仅伤及外面，钣金未变形，漆面无刮花划痕。以上 3 种类型都可以经过专业美容，如打蜡、研磨抛光来修复。如果划痕过长、过深且面积较大，则应修补漆面。由此可见，抛光并不是万能的。

(4) 划花漆面。划花漆面是指划痕深入漆膜。处理方法需根据划痕深度和面积而定；

对于较浅的划痕 (仅伤及清漆层)，可通过专业研磨抛光去除；但对于较深或较长的划痕 (伤及色漆或底漆)，则必须进行漆面修补，例如局部补漆或整块喷漆，以确保漆面恢复平整。

(5) 碰伤漆面。对于碰伤漆面，应先修复钣金，再修补漆面。

(6) 劣质老化的漆面。漆面因日晒雨淋而严重老化，深色车漆发白、褪色，白色车漆泛黄，甚至有些车漆漆面龟裂，此时就必须进行重新涂装。

5. 抛光蜡的选用 (以德国卡瓦科斯 Carwax 品牌为例)

(1) 研磨蜡 (粗蜡)：Carwax 437。这种蜡用于研磨，除去漆面重度氧化层、条纹、污染、褪色等影响漆面外观的深层问题。使用粗蜡抛光的方法称为粗抛或者研磨。

(2) 抛光蜡 (中蜡)：Carwax 445。这种蜡用于抛光，除去漆面中度氧化层，同时除去研磨后的旋纹。中蜡即一般意义上的抛光蜡，使用中蜡抛光的方法称为中抛即抛光。

(3) 还原蜡 (细蜡)：Carwax 439。这种蜡用于还原，除去漆面轻度氧化层，同时除去抛光后的旋纹，进一步提升漆面光泽度。使用细蜡抛光的方法称为细抛或者还原。

6. 抛光机的基础使用方法

1) 抛光的 5 种常用基本手法

抛光的 5 种常用基本手法分别是平抛、慢抛、翘抛、轻抛和点抛。

(1) 平抛：机器在抛光过程中，兔毛球与漆面呈完全吻合状态，防止机器在高速转动时，因受力点不均而损伤车漆。这种抛法适用于平面和侧面没有弧度的情况。

(2) 慢抛：机器在回拉过程中，施力均匀、速度相对缓慢，便于进一步处理划痕或达到一步到位晶亮的目的。一般在处理车况较差的车辆或现场演示时用此抛法。

(3) 翘抛：为了增强切削力，使机器的一端边缘翘起，提高抛光速度，一般针对原车漆或漆面落有杂物时使用。此抛法难度大、危险性较高，非技术娴熟人员切勿使用。

(4) 轻抛：机器快送慢拉过程中，均轻微用力，以免损伤车漆。一般在抛前后杠、门条、门框等塑料物件时，使用这种抛法。

(5) 点抛：根据漆面不同的部位，而适当降低机器转速的一种抛法，用于抛漆面的边、棱、筋、角处以及车标、门把手等危险复杂的地方。

2) 移动抛光机的基本方法

使用抛光机作业的核心在于实现漆面的均匀研磨，为此，需要想办法控制抛光压力。

(1) 抛光压力：以抛光机自身重量为基础，在平面上抛光时不需要使用太大的压力。即使在侧面进行抛光作业，也应保持与平面作业时同等的压力，不要增加或减少压力，就能有效避免因为压力不均匀导致的抛光过重或较轻问题，从而减少光圈或划痕未清除的情况。

(2) 盘面与抛光面的角度：抛光时应根据盘面的形状使用压力。如果过度抛光则会形成研磨面不均匀，同时由于局部发热，会造成"抛光分界线""抛光伤痕""抛光烧接"等现象，因此抛光盘与被抛面的夹角要尽量小，避免在局部产生过大的压力。

(3) 抛光范围：一次抛光的范围以肩宽为界，过宽时依靠臂力会导致用力不均匀，进而造成抛光面的不均匀。如果使用臂力过久，就不能长时间进行抛光作业。

(4)移动的速度：在研磨时，抛光机和盘面上的研磨剂应有比较适宜的速度配合，如果速度过快，不但不易控制按压力，还会达不到削切量，进而出现摩擦不均匀现象。

上述为基本方法，但是汽车表面是复杂的形状，因此还需要采用以下操作方法：抛光不是只在一个方向，而是要向纵方向、横方向移动（即井字形的方法），这样可防止摩擦不均匀。移动抛光盘面以每次重合盘面的 1 / 4 ～ 1 / 3 面积进行移动，这种移动方式可以确保抛光剂在表面均匀分布，避免局部过度抛光或未抛光的情况。通过合理的移动幅度和重合面积，可以有效地提高抛光效率，使汽车表面呈现更加光滑、细腻的效果。

（三）实训过程

微案例：汽车漆面抛光

【案例要求】

1.通过老师的示范讲解，各小组进行操作。

2.以小组为单位，完成汽车漆面抛光的实训操作，填写信息补充完整工作页的相应内容。

【操作步骤】

步骤 1：汽车漆面清洗，如图 5-1 所示。

图 5-1　漆面清洗

要点：按照汽车清洗的要求将汽车漆面清洗干净，但无须_____。

步骤 2：去除漆面氧化层，如图 5-2 所示。

图 5-2　去除漆面氧化层

要点：用气动振抛机进行漆面去氧化层处理。此步骤完成后要求全车绝大部分漆面无顽固性污物，手感光滑。对于难以处理的门边缝、门把手等部位，可使用＿＿＿＿＿＿进行去除。

步骤 3：擦干车身，如图 5-3 所示。

图 5-3　擦干车身

要点：将车身擦干，要求无水渍。

步骤 4：车辆移至抛光工位，做好车身遮蔽防护工作，如图 5-4 所示。

图 5-4　车辆移至抛光工位

要点：使用遮蔽膜与美纹纸遮蔽。遮蔽主要部位为＿＿＿＿＿＿，如前、后风窗玻璃（行业中又常称为前、后风窗或前、后挡），门拉手，汽车牌照等。

步骤 5：找出漆面重度氧化层区域，如图 5-5 所示。

图 5-5　找出漆面重度氧化层区域

要点：首先利用＿＿＿＿＿＿找出步骤 2 中未能去除的漆面重度氧化层，用彩笔标记出来。

步骤 6：漆面研磨抛光，如图 5-6 所示。

图 5-6 漆面研磨抛光

要点：使用专用研磨盘配合粗蜡进行漆面研磨操作。慢速启动抛光机，直至粗蜡渐干变为粉末状时，提高转速控制在_____，适当增加下压力度，抛光机移动速度保持稳定直至缺陷消除。

使用专用抛光盘配合中蜡进行漆面抛光操作。在漆面或抛光盘上倒少许中蜡，始终保持抛光盘与漆面相切，慢速启动抛光机，直至抛光蜡渐干变为粉末状时，提高转速控制在_____左右；下压力度适中，抛光机移动速度保持稳定。

双人漆面抛光操作的顺序如下：

1 号：前机盖→前保险杠→左前翼子板→左车顶→左前门→左后门→左后翼子板。

2 号：后机盖→后保险杠→右后翼子板→右车顶→右后门→右前门→右前翼子板。

步骤 7：前、后机盖抛光，如图 5-7 所示。

图 5-7 前、后机盖抛光

要点：前、后机盖作为汽车的"脸面"，对抛光的要求最高。去除局部中度氧化层时可适当选择翘抛，但抛盘与漆面的夹角不宜超过_____。另外，在边角处应使用轻抛、慢抛的手法。

步骤 8：保险杠抛光，如图 5-8 所示。

图 5-8 保险杠抛光

要点：保险杠的底材是塑料，因此在进行保险杠抛光操作时应多使用_____的方法。

步骤 9：翼子板抛光，如图 5-9 所示。

图 5-9　翼子板抛光

要点：翼子板抛光时，要注意在筋线的位置使用_____的方法。

步骤 10：车顶抛光，如图 5-10 所示。

图 5-10　车顶抛光

要点：车顶抛光时，如果操作人员的身高不够，可打开车门，在门边垫毛巾，踩在门边上操作。在抛车顶边界时，应使用_____的方法。

步骤 11：车门抛光，如图 5-11 所示。

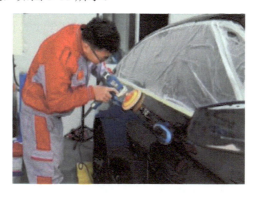

图 5-11　车门抛光

要点：车门抛光时，在筋线及门边处应使用_____的方法。

步骤 12：漆面还原，如图 5-12 所示。

图 5-12　漆面还原

要点：使用专用镜面还原盘配合细蜡进行漆面还原操作。在漆面或还原盘上倒少许细蜡，始终保持抛光盘与漆面相切，慢速启动抛光机，直至还原蜡渐干变为粉末状时，提高转速控制在_____，以不超过_____为宜；下压力度略轻（大概为抛光机的自身重量），抛光机移动速度保持稳定。

双人漆面还原操作的顺序与双人漆面抛光的顺序一致。车身各个部位的操作方法同漆面抛光的要求。

步骤 13：漆面冲洗，如图 5-13 所示。

图 5-13　漆面冲洗

要点：首先撤掉车身防护，将车辆驶入精洗工位。1 号、2 号配合使用花洒软水对抛光完之后的车身漆面进行冲洗，可适当增大水枪压力。要确保车身漆面以及车体缝隙之中无蜡灰、蜡屑。

冲洗完毕之后，用专用红色毛巾擦干漆面，并配合吹气枪吹干缝隙处水渍。注意_____。

步骤 14：进行最终漆面抛光，如图 5-14 所示。

图 5-14　进行最终漆面抛光

要点：车辆再次驶入美容工位进行最终漆面抛光。至此，抛光工艺结束。

抛光是一个修复的过程，并无护理作用，抛光为紧接下来的打蜡、封釉、镀晶等工艺打下一个良好的基础。

四、总结评价与作业

1. 小组汇报实施成果，如表 5-2 所示。

表 5-2 实训操作结果汇报

案例名称	汽车漆面抛光	
自检 (质检) 基本情况		
自检组别	第 组	
本组组员	组长： 组员：	
检 查 情 况		
是否完成		
完成时间		
工位是否符合 8S 管理		
工作页填写情况 / 案例实施情况	优点 / 已完成部分 / 正确点： 缺点 / 未完成部分 / 错误点：	
超时或未完成的主要原因		
检查人签字：	日期：	

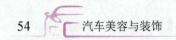

2. 小组互评，如表5-3所示。

表 5-3　实训过程性评价表（小组互评）

组别：＿＿＿＿＿＿　　　组员：＿＿＿＿＿＿＿＿　　　案例名称：＿＿＿＿＿＿＿＿

学习环节	评 分 细 则	被评组别／组员	
		第＿＿＿组／姓名＿＿＿＿	
		分值	得分
相关知识	相关知识填写完整、正确	5	
	演讲、评价、展示等社会能力	5	
操作过程	小组成员分工明确合理，每人的职责均已完成	5	
	操作前检查	5	
	漆面清洗	5	
	去除漆面氧化层	5	
	擦干车身	5	
	车辆移至抛光工位	5	
	找出漆面重度氧化层区域	5	
	漆面研磨抛光	5	
	前、后机盖抛光	5	
	保险杠抛光	5	
	翼子板抛光	5	
	车顶抛光	5	
	车门抛光	10	
	漆面还原、漆面冲洗	5	
	漆面抛光后效果检查	5	
质量检验	任务总结正确、完整、流畅	5	
	工作效率较高（在规定时间内完成任务）	5	
总分(100 分)	总得分：	评分人签字：	

3. 课后作业。

(1) 抛盘与漆面的夹角是否越大越好？

(2) 抛光机转速是否越高越好？

项目 6
汽车漆面打蜡

 **一、学习目标**

（一）知识目标

1. 能正确使用汽车漆面打蜡所用到的工具及材料。
2. 能双人配合，高质量完成汽车漆面打蜡的工艺流程。
3. 通过分工合作完成实训任务，培养团队合作意识。

（二）思政目标

1. 通过项目合作，培养团队合作精神和沟通协调能力。
2. 培养精益求精的工匠精神。

二、资源准备

1. 教学场地

汽车美容与装饰实训室（该实训室布置为理实一体化教室，配有设备、桌椅、多媒体、挂图、制度，共 8 个工位）。

2. 教学资源

参考教材、视频资源、课程标准。

3. 教学设备与工具

(1) 整车 8 台；

(2) 洗车机 1 套、洗车液 1 瓶、泡沫机 1 台、吸尘器 1 台、小毛巾 32 张、大毛巾 8 张、毛刷 8 个、表板蜡 1 瓶、一次性脚垫 8 张、龙卷风喷枪 4 把、车蜡（液体蜡）8 瓶、打蜡海绵 8 个、抛光毛巾 8 张。

4. 安全防护设施

(1) 操作洗车机电源开关要佩戴绝缘手套；

(2) 设备有安全标识的地方需要在老师的指导和监管下操作，不能私自操作。

5. 职位分工

每个班平均 56 人，分成 8 个小组，每小组 7 人，如表 6-1 所示。

表 6-1 小 组 分 工 表

序号	模拟岗位	人 数	职 责
1	小组长	1	全面负责本小组管理
2	技术员	1	负责小组内技术问题
3	安全员	1	负责小组内安全检查
4	成员	4	完成老师与小组长安排的任务

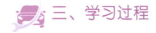 三、学习过程

（一）案例描述

美容技师卡卡根据车主的美容项目要求，选择合适的美容产品及美容工具，在汽车美容工位按照规范的汽车漆面打蜡操作工艺，完成对汽车漆面打蜡的操作过程。假设你现在就是这位美容技师，你计划怎么完成工作要求？下面我们一起来了解汽车漆面打蜡的相关知识。

（二）相关知识

1. 什么是车蜡

车蜡是一种涂抹在车漆表面，用来保护漆面并起到美观作用的化学材料。它的主要成分是聚乙烯乳液或硅酮类高分子化合物，并含有油脂和添加剂成分。由于车蜡中所含的添加成分不同，其在物质形态、性能上有所区别，因此被划分为不同的种类。

2. 车蜡的种类

车蜡的分类方法较多，下面介绍两种主要的分类方法。

(1) 按车蜡物理状态的不同，可分为固体蜡和液体蜡两种。在日常作业中，液体蜡应用相对较广泛。

(2) 按车蜡功能不同可分为上光保护蜡和抛光研磨蜡两种。上光保护蜡的主要添加成分为蜂蜡、松花油等，其外观多为白色或乳白色，主要用于汽车漆面的上光保护；抛光研

磨蜡的主要添加成分为地蜡、硅藻土、氧化铝、矿物油及乳化剂等，其颜色有浅灰色、灰色、乳黄色等多种，主要用于汽车漆面划痕处理及漆膜的磨平作业，包括清除划痕、橘纹及填平细小针孔等。

3. 车蜡的作用

1) 防水作用

汽车经常暴露在空气中，免不了受风吹雨淋，如果水滴残留在车身表面，在天气转晴、强烈阳光照射下，每个小水滴就是一个凸透镜，在它的聚焦作用下，其焦点处温度可达 $800 \sim 1000℃$，高温会造成汽车漆面出现暗斑，从而极大地影响漆面的质量及使用寿命。另外，水滴易使暴露金属表面产生锈蚀。

2) 抗高温作用

车蜡的抗高温作用原理是对来自不同方向的入射光产生有效反射，防止入射光使面漆或底色漆老化变色。

3) 防静电作用

汽车静电的产生主要有两个来源：一个是纤维织物，如地毯、座椅、衣物等摩擦产生；另一个是汽车在行驶过程中，空气中的尘埃与车身金属表面相互摩擦产生的。

4) 防紫外线作用

车蜡防紫外线作用与它的抗高温作用是并行的，只不过在日光中，由于紫外线的特性决定了紫外光较易于折射进入漆面，防紫外线车蜡充分考虑到紫外线的特性，使其对车表的侵害得以最大限度地降低。

5) 上光作用

上光是车蜡的最基本作用，经过打蜡的车辆，都能改善其表面的光亮程度，使车身恢复亮丽本色。

6) 研磨抛光作用

当漆面出现划痕时，可使用研磨抛光车蜡。如果划痕不严重，则抛光和打蜡作业可一次完成。

4. 车蜡的正确选用

1) 根据汽车的行驶环境来选择

由于车辆的运行环境千差万别，其受外界污染物侵害的方式和程度也不同，因此在车蜡的选择上应根据对汽车漆面的保护需求而有所侧重。例如：经常行驶在泥泞、山区、尘土等恶劣道路环境中，应选用保护功能较强的硅酮树脂蜡；沿海地区宜选用防盐雾功能较强的蜡；化学工业区宜选用防酸雨功能较强的蜡；多雨地区宜选用防水性能优良的蜡；光照好的地区宜选用防紫外线、抗高温性能优良的蜡。

2) 根据漆面的质量来选择

普通车辆选用普通的珍珠色或金属漆系列车蜡即可；对于中高档汽车，因其漆面质量较好，所以应选用高档车蜡。

3) 根据漆面的新旧程度来选择

新车或新喷漆的车辆，应选用上光蜡，以保持车身的光泽和颜色；对于旧车或漆面有漫射光痕的车辆，可先用研磨抛光蜡对其进行抛光处理，然后再用上光蜡上光。

4) 根据季节的不同来选择

夏季一般光照较强，宜选用抗高温、防紫外线能力强的车蜡。

5) 根据车漆颜色来选择

一般深色漆选用黑色、红色、绿色系列的车蜡，浅色车漆选用银色、白色、珍珠色系列的车蜡。

6) 根据成套的系列产品来选择

汽车漆面美容应尽量采用成套的系列产品，不配套的美容蜡往往无法达到理想的美容效果。

（三）实训过程

微案例：汽车漆面打蜡

【案例要求】

1. 通过老师的示范讲解，各小组操作。

2. 以小组为单位，完成汽车漆面打蜡的实训操作，填写信息补充完整工作页的相应内容。

【操作步骤】

步骤 1：清洗汽车漆面，如图 6-1 所示。

图 6-1　清洗汽车漆面

要点：按照汽车清洗的要求将汽车_____干净。要求将漆面吹干、无水渍、无污物。

步骤 2：按图 6-2 所示的基本手法及顺序来打蜡。

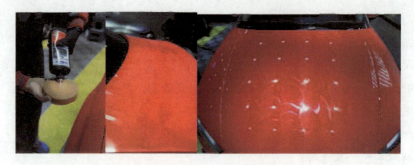

图 6-2　打蜡的基本手法及顺序

要点：将液蜡滴到海绵上，随后在漆面上均匀涂抹开，形成的蜡膜应尽量做到薄而均匀，每道涂布与上道涂布区域有_____的重叠。

漆面打蜡的顺序为_____。

步骤 3：给前机盖打蜡，如图 6-3 所示。

图 6-3　给前机盖打蜡

要点：给前机盖打蜡时，注意避免蜡液渗入前机盖与前保险杠、前翼子板之间的缝隙里以及前_____上面。

步骤 4：给前翼子板打蜡，如图 6-4 所示。

图 6-4　给前翼子板打蜡

要点：给前翼子板打蜡时，注意避免蜡液渗入前翼子板与前机盖边缘、前车门以及前保险杠之间的缝隙里。

步骤 5：给前车门打蜡，如图 6-5 所示。

图 6-5   给前车门打蜡

要点：给前车门打蜡时，注意避免蜡液渗入前车门与_____里。

步骤 6：给车顶打蜡，如图 6-6 所示。

图 6-6   给车顶打蜡

要点：给车顶打蜡时，注意避免蜡液渗入车顶与前、后风窗玻璃之间的_____以及天窗的塑料件上。

步骤 7：给后车门打蜡，如图 6-7 所示。

图 6-7   给后车门打蜡

要点：给后车门打蜡时，注意避免蜡液渗入后车门、后翼子板以及前车门之间的缝隙里。

步骤 8：给后翼子板打蜡，如图 6-8 所示。

图 6-8　给后翼子板打蜡

要点：给后翼子板打蜡时，注意避免蜡液渗入后翼子板、后机盖、后车门以及后保险杠之间的缝隙里。

步骤 9： 给后机盖打蜡，如图 6-9 所示。

图 6-9　给后机盖打蜡

要点：给后机盖打蜡时，注意避免蜡液渗入后机盖与后保险杠、后翼子板之间的缝隙里，或沾到尾灯灯罩表面。

步骤 10： 给后保险杠打蜡，如图 6-10 所示。

图 6-10　给后保险杠打蜡

要点：给后保险杠打蜡时，注意避免蜡液渗入后保险杠、后翼子板以及后机盖之间的缝隙里，或沾到尾灯灯罩表面。

步骤 11： 给前保险杠打蜡，如图 6-11 所示。

图 6-11　给前保险杠打蜡

要点：给前保险杠打蜡时，注意避免蜡液渗入前保险杠与前机盖、前翼子板之间的缝隙里，或沾到前车灯灯罩表面。

步骤 12：手工抛光，如图 6-12 所示。

图 6-12　手工抛光

要点：漆面打蜡完成之后_____开始抛光。手工抛光的顺序是_____，要求将漆面完全擦亮，无蜡膜残留。

步骤 13：质检，如图 6-13 所示。

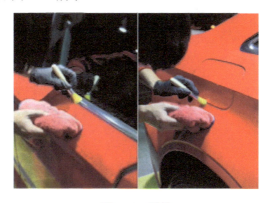

图 6-13　质检

要点：使用小毛刷将车漆缝隙（如车门亮条、油箱盖等）中的蜡屑清理干净。要求使用小毛刷时_____，经处理后，全车漆面缝隙中_____。

四、总结评价与作业

1. 小组汇报实施成果，如表 6-2 所示。

表 6-2   实训操作结果汇报

案例名称		汽车漆面打蜡
自检 (质检) 基本情况		
自检组别	第 组	
本组组员	组长： 组员：	
检 查 情 况		
是否完成		
完成时间		
工位是否符合 8S 管理		
工作页填写情况 / 案例实施情况	优点 / 已完成部分 / 正确点： 缺点 / 未完成部分 / 错误点：	
超时或未完成的主要原因		
检查人签字：	日期：	

2. 小组互评，如表 6-3 所示。

表 6-3　实训过程性评价表（小组互评）

组别：_____　组员：_____　案例名称：_____

学习环节	评 分 细 则	被评组别/组员	
		第____组/姓名_____	
		分值	得分
相关知识	相关知识填写完整、正确	5	
	演讲、评价、展示等社会能力	5	
操作过程	小组成员分工明确合理，每人的职责均已完成	5	
	清洗汽车漆面	5	
	打蜡的基本手法及顺序	5	
	给前机盖打蜡	10	
	给前翼子板打蜡	5	
	给前车门打蜡	5	
	给车顶打蜡	5	
	给后车门打蜡	5	
	给后翼子板打蜡	5	
	给后机盖打蜡	10	
	给后保险杠打蜡	5	
	给前保险杠打蜡	5	
	手工抛光	5	
	质检	5	
质量检验	任务总结正确、完整、流畅	5	
	工作效率较高（在规定时间内完成任务）	5	
总分 (100 分)	总得分：	评分人签字：	

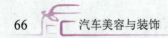

3. 课后作业。

(1) 汽车打蜡的顺序是否可以改变?

(2) 汽车打蜡后，如果淋雨怎么处理?

项目 7
汽车漆面封釉

一、学习目标

(一) 知识目标

1. 能正确使用汽车漆面封釉所用到的工具及材料。
2. 能双人配合，高质量完成汽车漆面封釉的工艺流程。
3. 通过分工合作完成实训任务，培养团队合作意识。

(二) 思政目标

1. 模拟汽车美容店工作场景，在实践中体验职业角色，感受职业道德的重要性。
2. 培养精益求精的工匠精神。

二、资源准备

1. 教学场地

汽车美容与装饰实训室 (该实训室布置为理实一体化教室，配有设备、桌椅、多媒体、挂图、制度，共 8 个工位)。

2. 教学资源

参考教材、视频资源、课程标准。

3. 教学设备与工具

(1) 整车 8 台；

(2) 洗车机 1 套、洗车液 1 瓶、泡沫机 1 台、吸尘器 1 台、小毛巾 32 张、大毛巾 8 张、毛刷 8 个、表板蜡 1 瓶、一次性脚垫 8 张、塑料件镀膜剂 8 瓶、塑料件保护剂 8 瓶、品牌车釉 (卡瓦科斯)8 瓶、气动封釉机 8 个、抛光毛巾 8 张、美纹纸 8 张、遮蔽膜 8 张。

4. 安全防护设施

(1) 操作洗车机电源开关要佩戴绝缘手套；

(2) 设备有安全标识的地方需要在老师的指导和监管下操作，不能私自操作。

5.职位分工

每个班平均 56 人，分成 8 个小组，每小组 7 人，如表 7-1 所示。

表 7-1　小组分工表

序号	模拟岗位	人 数	职 责
1	小组长	1	全面负责本小组管理
2	技术员	1	负责小组内技术问题
3	安全员	1	负责小组内安全检查
4	成员	4	完成老师与小组长安排的任务

三、学习过程

（一）案例描述

美容技师卡卡根据车主的美容项目要求，选择合适的封釉产品及美容工具，在汽车美容工位按照规范的漆面封釉操作工艺，完成对全车封釉的操作过程。假设你现在就是这位美容技师，你计划怎么完成工作要求？下面我们一起来了解汽车漆面封釉的相关知识。

（二）相关知识

1.什么是釉和汽车漆面封釉

釉是一种从石油副产品中提炼出来的、具有强抗氧化功能的高级液蜡。其特点是防酸、抗腐、耐高温、耐磨、耐水洗、高光泽度等。

汽车漆面护理中的封釉是指运用专用的振抛机将一种高分子结构的涂装剂压进车漆内部，使其形成一层坚固的网状结构，罩在漆面之上。首先，它与空气隔绝，不被氧化；其次，它内含紫外线反射剂，使车漆不再被辐射褪色；另外，釉中所含的静电吸收剂可有效排除静电，降低灰尘吸附，从而便于清理汽车漆面。

2.封釉的作用

(1) 抵抗紫外线。汽车的车漆犹如人的皮肤般娇嫩，如果长时间在太阳底下暴晒，很容易使车漆颜色发生变化，甚至使车漆局部脱落。封釉后能在车漆表面形成一层含紫外线吸收剂的持久保护膜，通过抵御紫外线侵蚀，从源头上延缓车漆氧化褪色，显著提升整体防护性能。

(2) 防腐蚀。封釉可以有效地抵抗酸雨、化学制剂、树胶等对车漆的伤害。

(3) 抗氧化。封釉可以延缓车漆在大气中的氧化时间。

(4) 抗划痕。好的釉可以成为车漆的"保护衣"，能够阻挡外界对车漆的损伤，例如日常掸灰和洗车过程中产生的轻微划痕。

(5) 防静电。

(6) 上光。

(7) 抗高温。

3. 打蜡与封釉的区别

打蜡是在车漆表面涂抹一层蜡质材料，能为车漆提供短暂的光泽和基础防护，不过其效果通常只能维持数周，因此需要定期重新涂抹；而封釉采用高分子聚合物或陶瓷成分，能在车漆表面形成一层持久、坚硬的保护膜，防护效果可长达数月甚至一年以上。两者的主要区别如下：

(1) 持久性差异：打蜡后的保护膜容易受到洗车、雨水冲刷的影响而快速失效；封釉形成的保护膜则能紧密附着在车漆表面，有效抵抗日常磨损和环境侵蚀。

(2) 保护范围：打蜡主要侧重于提升车漆光泽度和实现简单的防水功能；封釉则能全面增强车漆的抗紫外线、防腐蚀、抗氧化以及抗划痕性能，为车漆提供更全面的保护。

(3) 应用方式：打蜡操作简便，车主自己就可以完成；封釉则需要专业的设备和工艺，例如使用机器进行抛光以及固化处理等。

(4) 成本效益：打蜡的初期成本较低，但由于需要频繁维护，长期来看开销较大；封釉虽然前期投入较高，但从长期防护的角度来看更加经济高效。

（三）实训过程

微案例：汽车漆面封釉

特别说明，本次学习任务适用于车况良好的新车或者经过抛光处理之后的漆面。如果是旧车作业，则要增加上一节学习任务中的漆面抛光操作。

【案例要求】

1. 通过老师的示范讲解，各小组进行操作。

2. 以小组为单位，完成汽车漆面封釉的实训操作，填写信息补充完整工作页的相应内容。

【操作步骤】

步骤 1：遮蔽车身，如图 7-1 所示。

图 7-1　遮蔽车身

要点：使用_____遮蔽。遮蔽的主要部位为车身玻璃、车身装饰件及漆面封釉操作时的易损坏处，如前、后风窗玻璃，门拉手，汽车牌照等。

步骤 2: 按图 7-2 所示的基本手法及顺序封釉。

图 7-2　封釉的基本手法及顺序

要点:将适量釉液滴到封釉海绵上,再将封釉机垂直放在漆面上均匀涂开,启动封釉机在漆面上进行直线往复的封釉操作。釉膜要薄厚均匀,每道涂布与上道涂布区域要有_____重叠。

漆面封釉的顺序为:_____

_____

_____

_____。

步骤 3: 给前机盖封釉,如图 7-3 所示。

图 7-3　给前机盖封釉

要点:给前机盖封釉时,注意避免釉液渗入前机盖与左、右前翼子板的缝隙里。

步骤 4: 给翼子板封釉,如图 7-4 所示。

图 7-4　给翼子板封釉

要点：给翼子板封釉时，注意避免釉液渗入翼子板与前后车门、前后机盖的缝隙里。

步骤 5：给车顶封釉，如图 7-5 所示。

图 7-5　给车顶封釉

要点：给车顶封釉时，注意避免釉液渗入车顶与前、后风窗玻璃的缝隙里以及天窗的塑料件上。

步骤 6：给车门封釉，如图 7-6 所示。

图 7-6　给车门封釉

要点：给车门封釉时，注意避免釉液渗入车门与前后翼子板、前后车门之间的缝隙里。

步骤 7：给后机盖封釉，如图 7-7 所示。

图 7-7　给后机盖封釉

要点：给后机盖封釉时，注意避免釉液渗入后机盖与左、右后翼子板的缝隙里。

步骤 8：给保险杠封釉，如图 7-8 所示。

图 7-8　给保险杠封釉

要点：给前、后保险杠封釉时，注意避免釉液渗入前、后保险杠与前、后机盖以及前、后两边翼子板的缝隙里。

步骤 9： 手工抛光，如图 7-9 所示。

图 7-9　手工抛光

要点：漆面封釉完成之后_____开始抛光。手工抛光的顺序同漆面封釉的顺序，要求将漆面完全擦亮，无釉膜残留。

步骤 10： 质检，如图 7-10 所示。

图 7-10　质检

要点：使用小毛刷将车漆缝隙（如_____等）中的釉屑清理干净。操作时应轻柔使用小毛刷，避免漆面起毛，经处理后，确保全车漆面缝隙中无釉屑残留。

四、总结评价与作业

1. 小组汇报实施成果，如表 7-2 所示。

表 7-2　实训操作结果汇报

案例名称	汽车漆面封釉	
自检 (质检) 基本情况		
自检组别	第　　组	
本组组员	组长：　　　　　　组员：	
检 查 情 况		
是否完成		
完成时间		
工位是否符合 8S 管理		
工作页填写情况 / 案例实施情况	优点 / 已完成部分 / 正确点： 缺点 / 未完成部分 / 错误点：	
超时或未完成的主要原因		
检查人签字：	日期：	

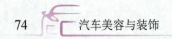

2. 小组互评，如表 7-3 所示。

表 7-3　实训过程性评价表（小组互评）

组别：_____　　组员：_____　　案例名称：_____

学习环节	评 分 细 则	被评组别 / 组员	
		第_____组 / 姓名_____	
		分值	得分
相关知识	相关知识填写完整、正确	5	
	演讲、评价、展示等社会能力	5	
操作过程	小组成员分工明确合理，每人的职责均已完成	5	
	车身遮蔽	5	
	封釉的基本手法及顺序	10	
	给前机盖封釉	10	
	给翼子板封釉	5	
	给车顶封釉	10	
	给车门封釉	10	
	给后机盖封釉	10	
	给保险杠封釉	5	
	手工抛光	5	
	质检	5	
质量检验	任务总结正确、完整、流畅	5	
	工作效率较高（在规定时间内完成任务）	5	
总分 (100 分)	总得分：	评分人签字：	

3. 课后作业。

(1) 封釉完成后能直接抛光吗？

(2) 封釉可以不遮蔽吗？

项目 8
汽车漆面镀晶

一、学习目标

（一）知识目标

1. 能正确使用汽车漆面镀晶所用到的工具及材料。
2. 能双人配合，高质量完成汽车漆面镀晶的工艺流程。
3. 通过分工合作完成实训任务，培养团队合作意识。

（二）思政目标

培养职业道德素养和精益求精的职业道德精神。

二、资源准备

1. 教学场地

汽车美容与装饰实训室（该实训室布置为理实一体化教室，配有设备、桌椅、多媒体、挂图、制度，共 8 个工位）。

2. 教学资源

参考教材、视频资源、课程标准。

3. 教学设备与工具

(1) 整车 8 台；

(2) 洗车机 1 套、洗车液 1 瓶、泡沫机 1 台、吸尘器 1 台、小毛巾 32 张、大毛巾 8 张、毛刷 8 个、表板蜡 1 瓶、一次性脚垫 8 张、奥德尚镀晶产品（内含脱脂剂、脱脂海绵、镀晶海绵）8 套、抛光毛巾 8 张。

4. 安全防护设施

(1) 操作洗车机电源开关要佩戴绝缘手套；

(2) 设备有安全标识的地方需要在老师的指导和监管下操作，不能私自操作。

5.职位分工

每个班平均 56 人，分成 8 个小组，每小组 7 人，如表 8-1 所示。

表 8-1　小 组 分 工 表

序号	模拟岗位	人 数	职 责
1	小组长	1	全面负责本小组管理
2	技术员	1	负责小组内技术问题
3	安全员	1	负责小组内安全检查
4	成员	4	完成老师与小组长安排的任务

三、学习过程

（一）案例描述

美容技师卡卡根据车主的美容项目要求，选择合适的镀晶产品及美容工具，在汽车美容工位按照规范的漆面镀晶操作工艺，完成对全车镀晶的操作过程。假设你现在就是这位美容技师，你计划怎么完成工作要求？下面我们一起来了解汽车漆面镀晶的相关知识。

（二）相关知识

1.什么是汽车漆面镀晶

镀晶是近年来受关注度较高的汽车漆面护理方式，它能在车漆表面形成一层多种强大保护体和紫外线过滤层，可提高漆面的镜面光泽度和硬度，还可防止刮痕，防止紫外线、酸雨、盐雾、沥青、飞漆、昆虫斑、鸟粪等有害物质对漆面的损害，犹如给车漆披上一件高科技的"隐形车衣"，完全隔绝了灰尘、油污、霉菌、水分子等物质对车漆的侵蚀，使漆面长期保持其原有光亮艳丽的色泽。镀晶是目前世界领先的汽车漆面养护技术，被称为第四代汽车美容的核心产品，也有专家认为它是漆面镀膜的升级版。

2.漆面镀晶的作用

(1) 硬度高。镀晶能在车漆表面形成坚固的保护层，令车漆不易被划伤。

(2) 渗透力强。镀晶能快速渗入车漆，轻松清洁顽固污渍，让漆面持久光洁如新。

(3) 附着力较强。镀晶的镀膜层非常坚固，不易被清洗，从而起到长效保护车漆的作用。

(4) 紫外线阻隔性能较强。一般的车蜡、封釉产品、镀膜产品在紫外线照射下，蜡的养分流失得比较快，使车漆很容易出现干燥和光泽度降低的情况。而镀晶产品中特有的防紫外线成分能持久防止车漆中的养分流失，使车漆持久鲜艳、明亮。

(5) 增强车漆立体感。一般蜡膜的光亮度和鲜艳度是无法和镀晶产品相比的。使用一般的蜡膜，车漆看上去只是比较光亮，而使用镀晶工艺后，不但能使车漆光亮、鲜艳，而且立体感明显，车漆看上去耀眼夺目。

(6) 疏水自洁，形成车漆疏水荷叶效应。镀晶具有超强的疏水性、耐候性，可防紫外线、酸雨、油污和各类细菌侵蚀，具有不氧化、不褪色，防锈蚀、风蚀，防辐射、防静电、抗高温等特性。

(7) 易清洁性和便捷的维护保养性。镀晶产品具有易清洗性和便捷的保养性，各种灰尘和各类污物直接使用清水（不加任何洗涤剂）冲洗后，车体表面就可恢复和保持晶莹透亮；即使车体表面粘有油污或飞虫浆液，只需将湿毛巾直接擦拭车体表面就可轻松去除污渍，同时节省洗车用水量达 50% 以上。

（三）实训过程

微案例：汽车漆面镀晶

特别说明，本次学习任务适用于车况良好的新车或经抛光处理的作业车辆漆面。如果是旧车作业，则要增加"汽车漆面抛光"学习任务中的漆面抛光操作。

【案例要求】

1. 通过老师的示范讲解，各小组进行操作。

2. 以小组为单位，完成汽车漆面镀晶的实训操作，填写信息补充完整工作页的相应内容。

【操作步骤】

步骤 1： 汽车漆面清洗，如图 8-1 所示。

图 8-1　漆面清洗

要点：按照汽车清洗的要求将汽车_____干净。要求吹干漆面，确保无残留水渍及污物。

步骤 2： 漆面脱脂，如图 8-2 所示。

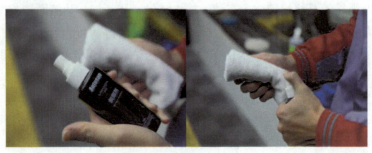

图 8-2　漆面脱脂

要点：将适量脱脂剂滴到专用抛光巾上，放置于漆面以横竖交替的方式均匀涂开，涂层要薄厚均匀，每道涂布与上道涂布区域要有＿＿＿＿＿＿重叠。使用脱脂剂的过程中，1 号、2 号技师分别对车身左、右半侧进行处理。顺序为：＿＿＿＿＿

＿＿＿

＿＿＿＿＿＿＿＿＿＿＿＿＿＿＿＿＿＿＿＿＿＿＿＿＿＿＿＿＿＿＿＿＿＿＿＿＿。

步骤 3：平面脱脂，如图 8-3 所示。

图 8-3　平面脱脂

要点：平面脱脂采用＿＿＿＿＿＿涂抹方式。

步骤 4：立面脱脂，如图 8-4 所示。

图 8-4　立面脱脂

要点：立面脱脂与平面脱脂相反，采用＿＿＿＿＿＿涂抹方式。

步骤 5：漆面镀晶，如图 8-5 所示。

图 8-5　漆面镀晶

要点：漆面脱脂工序完成后无须擦拭，约过_____之后开始漆面镀晶操作。将适量镀晶液滴到专用镀晶海绵上，放置于漆面以横竖交替的方式均匀涂开，涂层要薄厚均匀，每道涂布与上道涂布区域要有_____重叠。漆面镀晶的顺序同漆面脱脂。1 号、2 号技师分别对车身左、右半侧进行处理。顺序为：

_____。

步骤 6：平面镀晶，如图 8-6 所示。

图 8-6　平面镀晶

要点：平面镀晶采用_____涂抹方式。

步骤 7：立面镀晶，如图 8-7 所示。

图 8-7　立面镀晶

要点：立面镀晶同立面脱脂，采用_____涂抹方式。

步骤 8：手工抛光，如图 8-8 所示。

图 8-8　手工抛光

要点：手工抛光的顺序同漆面镀晶的顺序。要求将漆面完全擦亮，无任何痕迹残留。

步骤 9：质检，如图 8-9 所示。

图 8-9　质检

要点：使用小毛刷将车漆缝隙（如_____等）中的镀晶残液清理干净。操作时应轻柔使用小毛刷，避免漆面起毛，经处理后，确保全车漆面缝隙中干净无污物。

四、总结评价与作业

1. 小组汇报实施成果，如表 8-2 所示。

表 8-2　实训操作结果汇报

案例名称		汽车漆面镀晶	
自检（质检）基本情况			
自检组别		第　　组	
本组组员	组长：　　　组员：		
检 查 情 况			
是否完成			
完成时间			
工位是否符合 8S 管理			
工作页填写情况 / 案例实施情况	优点 / 已完成部分 / 正确点：		
	缺点 / 未完成部分 / 错误点：		
超时或未完成的主要原因			
检查人签字：		日期：	

2. 小组互评，如表 8-3 所示。

表 8-3　实训过程性评价表（小组互评）

组别：＿＿＿＿＿＿＿＿　　组员：＿＿＿＿＿＿＿＿　　案例名称：＿＿＿＿＿＿＿＿

学习环节	评 分 细 则	被评组别 / 组员	
		第＿＿＿组 / 姓名＿＿＿＿＿	
		分值	得分
相关知识	相关知识填写完整、正确	5	
	演讲、评价、展示等社会能力	5	
操作过程	小组成员分工明确合理，每人的职责均已完成	5	
	漆面清洗	5	
	漆面脱脂	5	
	平面脱脂	10	
	立面脱脂	10	
	漆面镀晶	10	
	平面镀晶	10	
	立面镀晶	10	
	手工抛光	10	
	质检	5	
质量检验	任务总结正确、完整、流畅	5	
	工作效率较高（在规定时间内完成任务）	5	
总分 (100 分)	总得分：	评分人签字：	

3. 课后作业。

(1) 汽车漆面镀晶的顺序是否可以改变？

(2) 汽车漆面镀晶后如果淋雨怎么处理？

模块三
汽车装饰

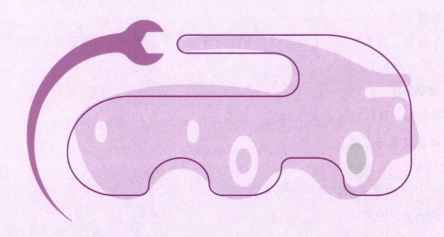

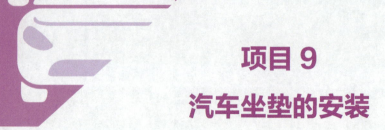

项目 9
汽车坐垫的安装

一、学习目标

(一)知识目标

1. 能正确使用汽车坐垫的安装所用到的工具及材料。
2. 能双人配合,高质量完成汽车坐垫安装的工艺流程。
3. 通过分工合作完成实训任务,培养团队合作意识。

(二)思政目标

1. 学好一技之长,更好地服务社会。
2. 积极参与社会实践,树立诚信服务意识,培养大国工匠精神。

二、资源准备

1. 教学场地

汽车美容与装饰实训室(该实训室布置为理实一体化教室,配有设备、桌椅、多媒体、挂图、制度,共 8 个工位)。

2. 教学资源

参考教材、视频资源、课程标准。

3. 教学设备与工具

(1) 整车 8 台;

(2) 一次性脚垫 8 张、汽车坐垫 8 套。

4. 安全防护设施

(1) 佩戴手套操作,以避免污染和破坏汽车内饰件;

(2) 设备有安全标识的地方需要在老师的指导和监管下操作,不能私自操作。

5. 职位分工

每个班平均 56 人,分成 8 个小组,每小组 7 人,如表 9-1 所示。

表 9-1　小组分工表

序号	模拟岗位	人数	职　　责
1	小组长	1	全面负责本小组管理
2	技术员	1	负责小组内技术问题
3	安全员	1	负责小组内安全检查
4	成员	4	完成老师与小组长安排的任务

三、学习过程

（一）案例描述

美容技师卡卡根据车主对汽车驾驶舒适性的要求，在汽车装饰工位按照规范的操作工艺，在一定的时间内完成汽车坐垫安装项目的操作过程，以达到车主满意的效果。假设你现在就是这位美容技师，你计划怎么完成工作要求？下面我们一起来了解汽车坐垫安装的相关知识。

（二）相关知识

1. 汽车坐垫的功能

汽车坐垫是置于座椅之上，用于提高座椅舒适性和耐磨性的一种装饰用品。它具有如下功能：

1) 提高舒适性

柔软的汽车坐垫使身体与座椅更好地贴合，可减轻汽车颠簸产生的振动，缓解旅途疲劳。

2) 改善透气性

夏季使用的硬塑料和竹制品坐垫具有良好的透气性，给人凉爽感觉，有降温消汗的功效。

3) 增强保健性

汽车保健坐垫可通过振动按摩或磁场效应技术，改善乘客局部的新陈代谢并促进其血液循环，有效缓解乘客肌肉紧张和疲劳，达到保健的目的。

4) 便于清洗

汽车坐垫能轻松拆卸和清洗，从而保持座椅洁净。

2. 汽车坐垫的种类

1) 按功能分类

汽车坐垫按功能不同可分为保暖坐垫、清凉坐垫、保健坐垫及电热坐垫。

2) 按制作工艺分类

汽车坐垫按制作工艺不同可分为纺织坐垫、编织坐垫及帘式坐垫。

3. 汽车坐垫的选择

1) 根据气温条件选用

当气温较低时，应选用纺织坐垫，以利于保暖，并提高舒适性；在高温季节，应选用帘式坐垫，便于防暑降温。

2) 根据汽车档次选用

中高档轿车可选用材质较好的纯毛坐垫或保健坐垫。另外，由于中高档轿车空调效果较好，高温季节也不必使用帘式坐垫，以便提高乘坐的舒适性。

3) 根据座椅结构选用

汽车座椅的大小和外形不尽相同，应选择与座椅配套的坐垫。对于真皮座椅，需选择带有柔软底衬布的坐垫。由于真皮的可塑性较低，当选用清凉坐垫，尤其是高档的串珠坐垫时，应检查坐垫底部衬布是否柔软，否则会在真皮上产生凹坑，影响真皮座椅的美观。

（三）实训过程

微案例：汽车坐垫的安装

【案例要求】

1. 通过老师的示范讲解，各小组进行操作。

2. 以小组为单位，完成汽车坐垫安装的实训操作，填写信息补充完整工作页的相应内容。

【操作步骤】

步骤 1： 取出前排坐垫并放置于座椅上，如图 9-1 所示。

图 9-1   取出前排坐垫并放置于座椅上

要点：取出坐垫分别放置在正、副驾驶座椅上。

步骤 2：套入背心及头套，如图 9-2 所示。

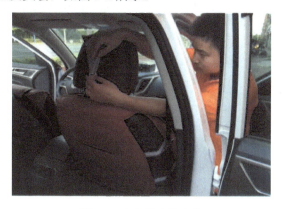

图 9-2　套入背心及头套

要点：套入背心及头套时，注意_____。

步骤 3：安装卡盘，如图 9-3 所示。

图 9-3　安装卡盘

要点：取出卡盘并安装好。

步骤 4：进行第一处靠背固定，如图 9-4 所示。

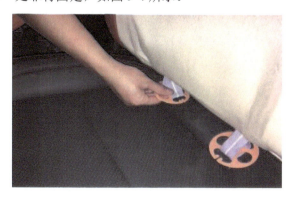

图 9-4　第一处靠背固定

要点：将卡盘塞入_____。

步骤5：进行第二处靠背固定，如图9-5所示。

图9-5　第二处靠背固定

要点：将卡盘竖直放置卡住坐垫，让＿＿＿＿＿＿。

步骤6：调整围裙，如图9-6所示。

图9-6　调整围裙

要点：把汽车坐垫前面的两个小钩环钩入座椅下方铁条处，然后调整好＿＿＿＿＿＿。

步骤7：调整整体效果，如图9-7所示。

图9-7　调整整体效果

要点：把大致安装好的坐垫拉平，进一步调整坐垫的位置，与＿＿＿＿＿＿。

四、总结评价与作业

1. 小组汇报实施成果，如表 9-2 所示。

表 9-2　实训操作结果汇报

案例名称	汽车坐垫的安装	
自检 (质检) 基本情况		
自检组别	第　　组	
本组组员	组长：　　　　组员：	
检 查 情 况		
是否完成		
完成时间		
工位是否符合 8S 管理		
工作页填写情况 / 案例实施情况	优点 / 已完成部分 / 正确点： 缺点 / 未完成部分 / 错误点：	
超时或未完成的主要原因		
检查人签字：	日期：	

2. 小组互评，如表 9-3 所示。

表 9-3　实训过程性评价表（小组互评）

组别：_____　　组员：_____　　案例名称：_____

学习环节	评 分 细 则	被评组别 / 组员	
		第____组 / 姓名_____	
		分值	得分
相关知识	相关知识填写完整、正确	5	
	演讲、评价、展示等社会能力	5	
操作过程	小组成员分工明确合理，每人的职责均已完成	5	
	操作前检查	5	
	取出前排坐垫并放置	5	
	套入背心及头套	10	
	安装卡盘	10	
	第一处靠背固定	10	
	第二处靠背固定	10	
	调整围裙	10	
	整体效果调整	10	
	检查	5	
质量检验	任务总结正确、完整、流畅	5	
	工作效率较高（在规定时间内完成任务）	5	
总分 (100 分)	总得分：	评分人签字：	

3. 课后作业。

(1) 调整汽车围裙还有其他方法吗？

(2) 怎么区别汽车座套材质？

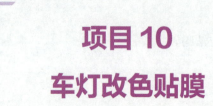

项目 10
车灯改色贴膜

一、学习目标

（一）知识目标

1. 能正确使用车灯改色贴膜所用到的工具及材料。
2. 能高质量完成车灯改色贴膜的工艺流程。
3. 通过分工合作完成实训任务，培养团队合作意识。

（二）思政目标

1. 激发创新思维和创造力，在汽车美容与装饰领域探索新技术、提出新想法。
2. 培养精益求精的工匠精神。

二、资源准备

1. 教学场地

汽车美容与装饰实训室（该实训室布置为理实一体化教室，配有设备、桌椅、多媒体、挂图、制度，共 8 个工位）。

2. 教学资源

参考教材、视频资源、课程标准。

3. 教学设备与工具

(1) 整车 8 台；

(2) 洗车机 1 套、洗车液 1 瓶、泡沫机 1 台、吸尘器 1 台、小毛巾 32 张、大毛巾 8 张、毛刷 8 个、表板蜡 1 瓶、一次性脚垫 8 张、裁膜台 1 个、烤枪 8 个、钢直尺 1 把、美工刀 8 把、刮板 8 个、清洁剂 8 瓶、车灯改色膜 1 卷。

4. 安全防护设施

(1) 操作洗车机电源开关要佩戴绝缘手套；

(2) 设备有安全标识的地方需要在老师的指导和监管下操作，不能私自操作。

5. 职位分工

每个班平均 56 人，分成 8 个小组，每小组 7 人，如表 10-1 所示。

表 10-1　小 组 分 工 表

序号	模拟岗位	人 数	职　责
1	小组长	1	全面负责本小组管理
2	技术员	1	负责小组内技术问题
3	安全员	1	负责小组内安全检查
4	成员	4	完成老师与小组长安排的任务

三、学习过程

（一）案例描述

美容技师卡卡根据车主对汽车车灯保护及装饰等美容项目的要求，在汽车装饰工位按照规范的操作工艺，在一定的时间内完成车灯改色项目的操作过程，以达到车主满意的效果。假设你现在就是这位美容技师，你计划怎么完成工作要求？下面我们一起来了解车灯改色贴膜的相关知识。

（二）相关知识

1. 什么是车灯改色膜

车灯改色膜是一种自粘贴膜，它可以直接粘贴在车灯外表面上，具有改色装饰及保护的作用，贴膜后可突破乏味白光限制，焕发多彩世界，满足个性化视觉需求。同时它对高速行驶中外界碎石的侵害具有卓越功效。这种抗冲击膜的设计意图是减少车灯在日常行驶中受到的冲击与损伤，并实现装饰的效果。

2. 车灯改色膜的特点

(1) 优质的车灯改色膜均为环保产品，对环境无任何污染。

(2) 透光率达 95% 以上，使用年限为 5 ～ 7 年。

(3) 安装便捷，黏性强，不影响光源透射，洗车时不会受影响。

(4) 具有强韧的防护性能，防划耐磨、坚固耐用，有效避免车灯老化、防止其龟裂等。

(5) 兼具优异的光学透明性和黏性，可有效透光散热，确保车灯光效稳定。

(6) 支持 DIY 安装。

3.车灯改色膜的张贴部位

车灯改色膜通常可张贴于汽车大灯、雾灯、尾灯、转向灯等光源部位。

(三)实训过程

微案例：车灯改色贴膜

【案例要求】

1.通过老师的示范讲解，各小组进行操作。

2.以小组为单位，完成汽车车灯改色贴膜的实训操作，填写信息补充完整工作页的相应内容。

【操作步骤】

步骤 1：膜片初裁，如图 10-1 所示。

图 10-1　膜片初裁

要点：精确测量车灯尺寸，根据测量数据进行初步裁剪时，需要多预留出_____。

步骤 2：清洁车灯表面，如图 10-2 所示。

图 10-2　清洁车灯表面

要点：使用清洁剂配合无纺布将车灯表面和周围清洁干净，以免_____。

步骤 3：膜片定位，如图 10-3 所示。

图 10-3 膜片定位

要点：将改色膜对准车灯表面自然贴合，固定好位置之后，开启_____。

步骤 4：膜片烘烤，如图 10-4 所示。

图 10-4 膜片烘烤

要点：将烤枪温度调至_____进行烘烤。烘烤时一边_____一边_____，注意不可在同一个地方加热时间过长，防止膜片被烤焦。

步骤 5：膜片精裁，如图 10-5 所示。

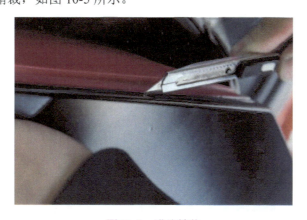

图 10-5 膜片精裁

要点：膜片完全贴合后，使用美工刀沿灯具边缘精细裁切多余膜料，确保边缘_____
_____。

步骤 6：二次烘烤，如图 10-6 所示。

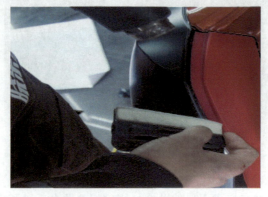

10-6　二次烘烤

要点：再用烤枪适当加热，让膜片更好地＿＿＿＿＿＿。

步骤 7：修整边缘，如图 10-7 所示。

图 10-7　修整边缘

要点：膜片完全贴合后，使用刮板将边缘多余膜料沿车灯表面内侧压合，确保边缘与周围车漆隔离，避免贴＿＿＿＿＿＿。

步骤 8：检查效果，如图 10-8 所示。

图 10-8　检查效果

要点：车灯改色膜张贴后，进行细节修整与效果检查。

四、总结评价与作业

1. 小组汇报实施成果，如表 10-2 所示。

表 10-2　实训操作结果汇报

案例名称		车灯改色贴膜
自检 (质检) 基本情况		
自检组别		第　　　组
本组组员	组长：	组员：
检 查 情 况		
是否完成		
完成时间		
工位是否符合 8S 管理		
工作页填写情况 / 案例实施情况		优点 / 已完成部分 / 正确点： 缺点 / 未完成部分 / 错误点：
超时或未完成的主要原因		
检查人签字：		日期：

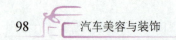

2.小组互评，如表 10-3 所示。

表 10-3　实训过程性评价表（小组互评）

组别：_____　　组员：_____　　案例名称：_____

学习环节	评 分 细 则	被评组别 / 组员	
		第____组 / 姓名___	
		分值	得分
相关知识	相关知识填写完整、正确	5	
	演讲、评价、展示等社会能力	5	
操作过程	小组成员分工明确合理，每人的职责均已完成	5	
	操作前检查	5	
	膜片初裁	5	
	车灯表面清洁	10	
	膜片定位	10	
	膜片烘烤	10	
	膜片精裁	10	
	二次烘烤	10	
	修整边缘	10	
	检查效果	5	
质量检验	任务总结正确、完整、流畅	5	
	工作效率较高 (在规定时间内完成任务)	5	
总分 (100 分)	总得分：	评分人签字：	

3. 课后作业。

(1) 车灯改色贴膜与玻璃贴膜是否一样？如不一样，说明它们的主要区别。

(2) 车灯改色贴膜违法吗？

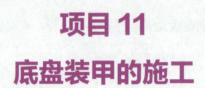

项目 11
底盘装甲的施工

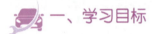

一、学习目标

（一）知识目标

1. 能正确使用底盘装甲的施工所用到的工具及材料。
2. 能双人配合，高质量完成底盘装甲施工的工艺流程。
3. 通过分工合作，完成实训任务，培养团队合作意识。

（二）思政目标

1. 增强社会责任感和环保意识。
2. 树立正确的职业观、价值观。

二、资源准备

1. 教学场地

汽车美容与装饰实训室（该实训室布置为理实一体化教室，配有设备、桌椅、多媒体、挂图、制度，共 8 个工位）。

2. 教学资源

参考教材、视频资源、课程标准。

3. 教学设备与工具

(1) 整车 8 台；

(2) 举升机 8 台、底盘装甲专用喷枪 8 把、十字扳手 8 把、遮蔽报纸 8 套、遮蔽膜 8 套、底盘装甲 8 瓶。

4. 安全防护设施

(1) 操作电源开关要佩戴绝缘手套；

(2) 设备有安全标识的地方需要在老师的指导和监管下操作，不能私自操作。

5. 职位分工

每个班平均 56 人，分成 8 个小组，每小组 7 人，如表 11-1 所示。

表 11-1 小组分工表

序号	模拟岗位	人数	职 责
1	小组长	1	全面负责本小组管理
2	技术员	1	负责小组内技术问题
3	安全员	1	负责小组内安全检查
4	成员	4	完成老师与小组长安排的任务

三、学习过程

（一）案例描述

美容技师卡卡根据车主的美容项目要求，结合底盘防锈的技术目标，在汽车维修工位按照规范的底盘装甲操作工艺，在一定的时间内，完成对底盘装甲施工的操作过程，以达到底盘防锈的目的。假设你现在就是这位美容技师，你计划怎么完成工作要求？下面我们一起来了解底盘装甲施工的相关知识。

（二）相关知识

1. 什么是底盘装甲

使用专用的喷枪，将一种高附着性的聚氯乙烯树脂涂料分多次喷涂在汽车底盘上，形成约 4 mm 厚的防护层，其效果如同给底盘披上了一件优质坚韧的盔甲，对底盘做的这种特殊处理称为"底盘装甲"。这种涂料是聚氯乙烯树脂 (PVC)、增塑剂、调节剂、颜料等经机械混合形成的一种原浆涂料。该涂料固体含量高，抗剪切力强，具有高附着性、高弹性，同时具有防腐、防潮的能力。将该涂料喷涂在底盘上，通过使底盘与外界隔绝，可以达到防腐、防锈、防撞、防振、隔绝底盘噪声等功能。

2. 底盘装甲的作用

1) 防腐蚀

雨水、雪水、洗车污水等残留在车辆底部，长久下去可能会腐蚀汽车底盘。如果对汽车底盘进行装甲，即便是酸雨、融雪剂、洗车污水等腐蚀性物质，也难以侵蚀穿透防护膜。

2) 防撞击

车辆在行驶的过程中，底盘钣金意外刮伤，溅起的小石子可能会击破车底金属漆膜，导致底盘锈蚀。有了底盘装甲后，车辆底盘装甲喷涂材料的厚度可达 2 mm 以上，能抵抗较大的冲击力，可有效地减轻突起物对底盘的伤害，减小底盘损坏和锈蚀的可能性。

3) 防振动

发动机和车轮均固定在底盘上，它们的振动在某一频率上会与底盘产生共振，使乘客产生极不舒适的感觉，底盘装甲则能在一定程度上消除这种共振。

4) 降温、节省燃油

在冬季开启车内空调后，冷热空气大多集中在车辆底盘区域进行交换。如果汽车做了底盘装甲，可通过其膜内填充的石英砂有效隔离冷热空气，维持车内温度恒定；夏季使用空调时，底盘装甲可以隔绝外部高温传导，有效保持车内温度，从而节省燃油。

5) 隔声降噪

车辆快速行驶在道路上，车轮与路面的摩擦声大小与速度成正比，底盘装甲具有较好的底部防护功能，起到降低车内噪声的作用。

现代轿车在出厂前均进行过底盘装甲处理，但有些车辆厂家出于成本考虑，对车辆采用的底盘防护工艺和材料往往比较简单，对底盘只喷涂了薄薄一层普通 PVC 材质的防护层，部分车型甚至只在底盘局部喷涂。车辆在使用过程中，车身底部容易受到地面、石块等的擦伤，底盘装甲容易遭到破坏，因此需要进行专业的底盘装甲作业来加固。

另外，底盘装甲不能用简单的防锈处理来代替，例如在底盘上涂一层油脂来隔离水分，这样做只能维持一段时间。随着汽车行驶里程的增加，油脂会不断蒸发、黏附灰尘，防锈效果会逐渐消失，黏附的灰尘、油污等将会造成新的腐蚀。

（三）实训过程

微案例：底盘装甲的施工

【案例要求】

1. 通过老师的示范讲解，各小组进行操作。

2. 以小组为单位，完成底盘装甲施工的实训操作，填写信息补充完整工作页的相应内容。

【操作步骤】

步骤 1：底盘冲洗，如图 11-1 所示。

图 11-1　底盘冲洗

要点：用高压水枪冲洗底盘表面，清除黏附于底盘上的泥沙和尘土。注意要对底盘_____。

步骤 2：举升车辆，如图 11-2 所示。

图 11-2　举升车辆

要点：升起车辆至适当施工位置后，继续清洗底盘表面，去除锈迹和拐角部位积聚的尘土。

步骤 3：遮蔽工作，如图 11-3 所示。

图 11-3　遮蔽工作

要点：用报纸将轮毂包住，做好轮弧内侧及车身周围的裙部遮蔽防止喷涂材料玷污以上部位。施工人员需将车辆油漆部分和底盘的油管、排气管等部位遮蔽，同时在施工场地上铺好遮蔽膜，有利于施工后的清洁。

步骤 4：第一次轮弧喷涂，如图 11-4 所示。

图 11-4　第一次轮弧喷涂

要点：先对车辆翼子板进行喷涂，使用前充分_____。

注意: 操作人员施工时一定要做好必要的_____。

步骤 5: 第二次轮弧喷涂,如图 11-5 所示。

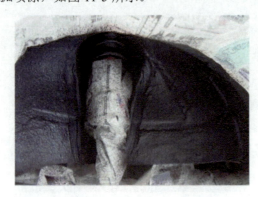

图 11-5　第二次轮弧喷涂

要点: 喷涂之后,防撞防锈底漆应_____。

步骤 6: 第一次底盘喷涂,如图 11-6 所示。

图 11-6　底盘喷涂

要点: 对车辆底盘进行喷涂,步骤同_____喷涂。

步骤 7: 第二次底盘喷涂,如图 11-7 所示。

图 11-7　第二次底盘喷涂

要点: 约_____之后,对轮弧、底盘进行第二次喷涂。

步骤 8: 撤掉遮蔽,如图 11-8 所示。

图 11-8 撤掉遮蔽

要点：取下遮蔽报纸，清除地面遮蔽膜，并完成场地清洁工作。操作时需确保对非施工部位的遮蔽保护，避免喷涂影响车辆性能。

四、总结评价与作业

1. 小组汇报实施成果，如表 11-2 所示。

表 11-2 实训操作结果汇报

案例名称		底盘装甲的施工
自检 (质检) 基本情况		
自检组别	第 组	
本组组员	组长： 组员：	
检 查 情 况		
是否完成		
完成时间		
工位是否符合 8S 管理		
工作页填写情况 / 案例实施情况	优点 / 已完成部分 / 正确点： 缺点 / 未完成部分 / 错误点：	
超时或未完成的主要原因		
检查人签字：	日期：	

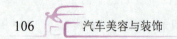

2. 小组互评，如表 11-3 所示。

表 11-3　实训过程性评价表（小组互评）

组别：_____　　组员：_____　　案例名称：_____

学习环节	评 分 细 则	被评组别 / 组员 第____组 / 姓名_____	
		分值	得分
相关知识	相关知识填写完整、正确	5	
	演讲、评价、展示等社会能力	5	
操作过程	小组成员分工明确合理，每人的职责均已完成	5	
	工具准备	5	
	底盘冲洗	10	
	举升车辆	5	
	遮蔽工作	15	
	第一次轮弧喷涂	5	
	第二次轮弧喷涂	5	
	第一次底盘喷涂	10	
	第二次底盘喷涂	10	
	撤掉遮蔽	10	
质量检验	任务总结正确、完整、流畅	5	
	工作效率较高（在规定时间内完成任务）	5	
总分 (100 分)	总得分：	评分人签字：	

3. 课后作业。

(1) 底盘装甲施工是否必要?

(2) 底盘装甲的施工可以进行三次作业吗?

项目 12
汽车小三角窗贴膜

 一、学习目标

(一) 知识目标

1. 能正确使用车窗贴膜所用到的工具及材料。
2. 能双人配合，高质量完成汽车小三角窗贴膜施工的工艺流程。
3. 通过分工合作完成实训任务，培养团队意识。

(二) 思政目标

1. 强调绿色美容、环保装饰的理念，培养环保意识和社会责任感。
2. 培养精益求精的工匠精神。

二、资源准备

1. 教学场地

汽车美容与装饰实训室 (该实训室布置为理实一体化教室，配有设备、桌椅、多媒体、挂图、制度，共 8 个工位)。

2. 教学资源

参考教材、视频资源、课程标准。

3. 教学设备与工具

(1) 整车 8 台；

(2) 裁膜台 1 台、车膜 1 卷、钢尺 1 把、小刮板 8 个、软刮板 8 个、挤水刮板 8 个、美工刀 8 把、刀片 8 个、喷壶 8 个。

4. 安全防护设施

(1) 操作电源开关要佩戴绝缘手套；

(2) 设备有安全标识的地方需要在老师的指导和监管下操作，不能私自操作。

5. 职位分工

每个班平均 56 人，分成 8 个小组，每小组 7 人，如表 12-1 所示。

表 12-1　小 组 分 工 表

序号	模拟岗位	人　数	职　责
1	小组长	1	全面负责本小组管理
2	技术员	1	负责小组内技术问题
3	安全员	1	负责小组内安全检查
4	成员	4	完成老师与小组长安排的任务

三、学习过程

（一）案例描述

美容技师卡卡根据车主贴膜的美容项目要求，利用专业的汽车贴膜工具，在无尘贴膜工位按照规范的汽车小三角窗贴膜操作工艺，在一定的时间内，完成汽车小三角窗贴膜项目的操作过程。假设你现在就是这位美容技师，你计划怎么完成工作要求？下面我们一起来了解汽车小三角窗贴膜的相关知识。

（二）相关知识

1. 什么是汽车太阳膜

汽车太阳膜又称为隔热膜、防爆膜，是以很薄的聚酯薄膜 PET（聚乙烯对苯二酸酯）为基材，经深层染色、真空镀铝、磁控溅射、金属化镀膜、胶层合成处理等多种工艺粘贴在玻璃表面，使普通玻璃成为具有优越的隔热、防爆、隔紫外线、装饰、私密等功能的新型复合材料。

2. 如何选择汽车太阳膜

(1) 手感：劣质膜采用普通聚酯薄膜作为基材，由于其内部结构松散，易染色、强度低，所以弹性差、韧性不足、易起皱；优质膜质地摸上去厚实、平滑，结构致密，强度高，因而安全性高、防爆性能出色。

(2) 色泽：劣质膜以染色工艺为主，因此颜料均吸附于薄膜表面，导致颜色均匀性与稳定性较差，易出现色差、褪色及模糊现象；而优质膜采用磁控溅射工艺制造，不仅色泽均匀，而且视觉清晰度高、通透性极佳。

(3) 防划伤：劣质膜表面没有防划层，在升降车窗或用手擦拭时，容易出现划痕，如用酒精、汽油等轻轻擦拭 1 分钟，就会出现脱色现象；而优质膜表面都有专业防划层，不仅更耐划痕、不易划伤，而且用酒精、汽油等擦拭后也不会出现脱色现象。

(4) 原厂质保：生产厂商出示的质保卡是判断车膜是否为原厂膜的重要依据。

3. 汽车车窗贴膜的七大功能

(1) 隔热防晒。贴膜能有效阻隔红外线产生的大量热量，不仅显著降低车身的温度，同时使车内的温度得到明显改善。

(2) 隔紫外线。紫外线中的中波、长波能够穿透很厚的玻璃，贴上隔热膜能阻隔 99% 的紫外线，既可防止皮肤受损，又能延缓汽车内饰老化。

(3) 安全与防爆。聚酯膜作为膜的基层材料，具有优异的抗撕拉和防击穿的功能，能有效防止玻璃意外破碎时飞溅的碎片对司乘人员造成二次伤害。

(4) 营造私密空间。贴膜后能实现车外无法看清车内，同时不影响车内观察外部视野，既有效地保护隐私又提升行车安全性。

(5) 降低空调能耗。贴上隔热膜，空调制冷能力的损失可以得到弥补，能在一定程度上防止车内温度过高，一定程度上起到节省油耗、降低空调能耗的作用。

(6) 提升美观度。通过贴膜，可根据个人喜好实现爱车的个性化装饰。

(7) 防眩光。保持眼睛舒适，降低因眩光因素引发的意外情况。

（三）实训过程

微案例：汽车小三角窗贴膜

【案例要求】

1. 通过老师的示范讲解，各小组进行操作。

2. 以小组为单位，完成汽车小三角窗贴膜的实训操作，填写信息补充完整工作页的相应内容。

【操作步骤】

步骤 1：门板防护，如图 12-1 所示。

图 12-1　门板防护

要点：门板上附上_____，避免施工过程中水汽过多导致玻璃升降功能失灵或门板音响扬声器短路现象，避免操作时_____。

步骤 2：打样板，如图 12-2 所示。

图 12-2　打样板

要点：先在玻璃表面喷水，然后将塑料纸放置于玻璃上，用＿＿＿＿＿＿＿打样。打样时必须精准定位，另外注意使用美工刀时＿＿＿＿＿＿＿＿＿＿＿＿＿。

步骤 3：裁膜，如图 12-3 所示。

图 12-3　裁膜

要点：裁切小三角风窗膜时无须注意方向性。将打好的样板放置于膜面定位，借助钢尺裁膜＿＿＿＿＿＿＿＿＿＿＿＿。

步骤 4：玻璃内表面清洗，如图 12-4 所示。

图 12-4　玻璃内表面清洗

要点：清洗玻璃内表面时，首先喷洒安装液，用毛巾配合小刮板刮洗；再用软刮板刮净水分，最后用小三角刮板收边。软刮板刮水的目的在于检验玻璃是否清洗干净。＿＿＿＿＿＿＿＿＿＿后，再次喷洒安装液为上膜做好准备。

步骤5：人工降尘，如图 12-5 所示。

图 12-5　人工降尘

要点：将喷壶调至＿＿＿＿＿＿位置，在车门的上方以及要撕膜、上膜的位置上空喷洒安装液，以降低灰尘污染。

步骤6：揭膜，如图 12-6 所示。

图 12-6　揭膜

要点：首先用清水洗净双手，揭膜时手指接触面积尽量小，揭膜之后迅速往膜面上喷洒安装液以消除＿＿＿＿＿＿＿＿＿、减少灰尘附着，注意揭膜动作要快。

步骤7：上膜定位，如图 12-7 所示。

图 12-7　上膜定位

要点：将揭下来的膜对位至小三角窗口区域上，确保边缘与玻璃尺寸完全吻合。 随后向膜面喷洒少量安装液，用手指按压膜面并配合软刮板进行定位，保证膜不发生_____。

步骤 8：挤压水分，如图 12-8 所示。

图 12-8　挤压水分

要点：再次向膜面均匀喷洒少量安装液，随后用专业挤水刮板以适中的力度将膜与玻璃之间的水分彻底刮除_____，避免使用蛮力。

步骤 9：收边，如图 12-9 所示。

图 12-9　收边

要点：对挤水刮板接触不到的边缘位置，用无纺布包裹小刮板_____处理，彻底挤干残留水分。

步骤 10：撤掉车内防护，如图 12-10 所示。

图 12-10　撤掉车内防护

要点：撕下门板的遮蔽_____，用毛巾将门板上的水渍擦拭干净。

四、总结评价与作业

1. 小组汇报实施成果，如表 12-2 所示。

表 12-2　实训操作结果汇报

案例名称	汽车小三角窗贴膜	
自检 (质检) 基本情况		
自检组别	第　　组	
本组组员	组长：　　　　组员：	
检 查 情 况		
是否完成		
完成时间		
工位是否符合 8S 管理		
工作页填写情况 / 案例实施情况	优点 / 已完成部分 / 正确点：	
	缺点 / 未完成部分 / 错误点：	
超时或未完成的主要原因		
检查人签字：	日期：	

2. 小组互评，如表 12-3 所示。

表 12-3　实训过程性评价表（小组互评）

组别：_____　　组员：_____　　案例名称：_____

学习环节	评 分 细 则	被评组别/组员 第____组/姓名_____	
		分值	得分
相关知识	相关知识填写完整、正确	5	
	演讲、评价、展示等社会能力	5	
操作过程	小组成员分工明确合理，每人的职责均已完成	5	
	工具准备	5	
	门板防护	5	
	打样板	5	
	裁膜	10	
	玻璃内表面清洗	10	
	人工降尘	5	
	揭膜	5	
	上膜定位	5	
	挤压水分	10	
	收边	5	
	撤掉车内防护	5	
	检查	5	
质量检验	任务总结正确、完整、流畅	5	
	工作效率较高（在规定时间内完成任务）	5	
总分（100分）	总得分：	评分人签字：	

3. 课后作业。

(1) 汽车车窗贴膜与手机贴膜操作步骤是否相同?

(2) 如果汽车贴膜施工场地有灰尘,该怎么处理?

项目 13
汽车侧窗贴膜

一、学习目标

（一）知识目标

1.能正确使用车窗贴膜所用到的工具及材料。

2.能双人配合，高质量完成汽车侧窗贴膜施工的工艺流程。

3.通过分工合作完成实训任务，培养团队合作意识。

（二）思政目标

1.强调绿色美容、环保装饰的理念，通过介绍环保材料的使用，培养环保意识和社会责任感。

2.培养精益求精的工匠精神。

二、资源准备

1.教学场地

汽车美容与装饰实训室（该实训室布置为理实一体化教室，配有设备、桌椅、多媒体、挂图、制度，共8个工位）。

2.教学资源

参考教材、视频资源、课程标准。

3.教学设备与工具

(1)整车8台；

(2)裁膜台1台、车膜1卷、钢尺1把、小刮板8个、软刮板8个、挤水刮板8个、美工刀8把、刀片8个、喷壶8个、烤枪8把。

4.安全防护设施

(1)操作电源开关要佩戴绝缘手套；

(2) 设备有安全标识的地方需要在老师的指导和监管下操作，不能私自操作。

5. 职位分工

每个班平均 56 人，分成 8 个小组，每小组 7 人，如表 13-1 所示。

表 13-1　小组分工表

序号	模拟岗位	人数	职　责
1	小组长	1	全面负责本小组管理
2	技术员	1	负责小组内技术问题
3	安全员	1	负责小组内安全检查
4	成员	4	完成老师与小组长安排的任务

三、学习过程

（一）案例描述

美容技师卡卡根据车主贴膜的美容项目要求，利用专业的汽车贴膜工具，在无尘贴膜工位按照规范的汽车侧窗贴膜操作工艺，在一定的时间内，完成汽车侧窗贴膜项目的操作过程。假设你现在就是这位美容技师，你计划怎么完成工作要求？下面我们一起来了解汽车侧窗贴膜的相关知识。

（二）相关知识

1. 汽车太阳膜的结构（以智能光谱选择薄膜为例）

汽车太阳膜由耐磨涂层、安全基层、金属隔热层、防紫外线涂层、压敏胶层、"易施工"胶膜层和透明离形纸构成。

(1) 耐磨涂层。该层材料为透明丙烯酸，质地坚韧，涂布于隔热膜外层，具有优异的抗刮擦性能，即便频繁清洗玻璃，也不容易产生刮痕，从而使玻璃保持经久如新。

(2) 安全基层。该层材料为透明聚氨酯，兼具透光性与优异的抗冲击性能，可长期有效地保障车内乘客安全。当受到外来冲击力影响时，安全基层能阻挡冲击、减少外来伤害；同时，其能够有效地过滤阳光和对方车辆远光中的眩光，提升驾乘舒适性和安全性。

(3) 金属隔热层。该层通过溅射工艺将铝、银等金属分子涂布于安全基层，金属层可选择性地反射阳光中的红外线（红外线是主要的热量来源），从而达到隔热的目的，降低车辆燃油消耗。

(4) 防紫外线涂层。该涂层能隔断阳光中 99% 的 UVA 和 UVB（紫外线 A 和紫外线 B），此举旨在保护汽车内饰及车内乘客免受紫外线侵害。

(5) 压敏胶层。该层是汽车太阳膜品质的重要保障，既要非常清晰，不影响驾驶人的视野，又要能抵抗紫外线，不变色，同时还要有非常强的黏结力，在受到一定外来冲击的情况下，隔热膜能够黏附住破碎的玻璃，不至于伤害乘客。

(6)"易施工"胶膜层。该层主要由玻璃状的黏胶组成，目的是在汽车膜施工过程中使膜在玻璃上易于移动，方便施工，而一旦定型结束，只要用刮板用力施压，玻璃微珠状的黏膜破裂，从而更有效地增加隔热膜和玻璃的黏结力。

(7)透明离形纸。该层的材料是可以剥离掉的隔离层，主要保护汽车膜层，在给汽车施工的过程中会将该层剥离掉。

（三）实训过程

<u>微案例：汽车侧窗贴膜</u>

【案例要求】

1.通过老师的示范讲解，各小组进行操作。

2.以小组为单位，完成汽车侧窗贴膜的实训操作，填写信息补充完整工作页的相应内容。

【操作步骤】

步骤 1：门板防护，如图 13-1 所示。

图 13-1 门板防护

要点：门板上附上遮蔽膜，避免施工过程中_____导致玻璃升降功能失灵或门板音响扬声器短路现象，避免操作时工具刮花、烫伤、破坏内装门板。

步骤 2：打样板，如图 13-2 所示。

图 13-2 打样板

要点：先在玻璃外表面喷水，然后将塑料纸放置于玻璃上，使用美工刀沿着_____

裁剪。打样时必须精准定位，同时需格外小心，避免使用美工刀时划伤玻璃。

步骤3：膜片初裁，如图13-3所示。

图13-3　膜片初裁

要点：侧窗膜采用竖裁法裁切，将打好的样板铺在膜上，借助钢直尺进行粗裁。根据侧窗边缝的间隙大小，在粗裁时一般顶部多留_____，两边各多留出_____或者某一边对齐，另外一边多出_____。

步骤4：清洗玻璃外表面，如图13-4所示。

图13-4　清洗玻璃外表面

要点：新车玻璃通常比较干净，只需用软刮板将水分刮净即可。针对旧车玻璃清洁，如遇到黏附较牢的污垢可用美工刀清除，其他部位建议先用洗车泥吸附污垢，然后使用软刮板将水分刮净。

步骤5：烘烤定型，如图13-5所示。

图13-5　烘烤定型

要点：往玻璃外表面喷少量的安装液，将膜片铺在玻璃上，注意膜的底边要与玻璃下边缘留有_____的距离，将膜的侧边与玻璃侧边框平行后放置。简单定位后，将膜两边及上边绷紧固定，此时膜底部会出现弧形气泡，导致该部位无法与玻璃完全贴合。

　　使用内灌风烤膜方法的要领为：烤枪到玻璃的距离由远及近，至_____左右时用烤枪口对准起泡口持续灌风，逐步吹大气泡。此时稍稍移近烤枪，当烤至底边与玻璃相贴合时，沿气泡向上逐步加热，最后用手部力量抚平或者用刮板刮平即可。

　　步骤 6：膜片精裁，如图 13-6 所示。

图 13-6　膜片精裁

　　要点：在玻璃外表面再次均匀喷洒安装液，将膜平铺覆盖并定位，覆膜在外。

　　注意：首先对齐膜片底边与底边框，确保两者完全平行，同时把膜片平行下移_____；其次固定好两边，两边要与边框相平行，同时两边刚好各多出_____。将膜的底边和两侧对齐后，使用中型刮板沿膜中间位置均匀刮压固定。然后启动车辆电源，一只手轻提膜的底部边缘，另一只手操作门窗升降开关，缓慢下降玻璃_____左右停止，此时需在玻璃外表面操作，用美工刀沿玻璃上沿裁切顶部多余的膜。最后将精裁下的膜体两个上沿边缘修整圆角，尽量避免直接在车窗玻璃上裁切，防止刀具划伤玻璃表面。

　　精裁完毕之后，将玻璃升起，同时将膜放置到位。拿取膜片时应佩戴干净手套，将其平铺于平整、干净的操作台上，核心原则是保护膜面、保持平整，避免污染。注意膜片选择倒放，另需喷水辅助固定。

　　步骤 7：清洗玻璃内表面，如图 13-7 所示。

图 13-7　清洗玻璃内表面

　　要点：清洗玻璃内表面时，先往玻璃内表面喷洒安装液，使用中号刮板按照从上到下的顺序刮洗一遍，注意侧边与底边也要刮洗到位。

　　降下玻璃_____左右，用刮板自上而下刮洗玻璃顶部，确保玻璃内表面清洁无遗漏。随后用软刮板刮净水分，并以小三角刮板收边。此操作的目的在于检验玻璃是否清洗干净；

确认达标后再次喷洒安装液，为贴膜做好准备。

步骤 8：贴膜，如图 13-8 所示。

图 13-8　贴膜

要点：此步骤与项目 12 步骤 5 至步骤 9 内容相同，按照人工降尘、揭膜、上膜定位、挤压水分、收边的顺序操作。

步骤 9：局部修整，如图 13-9 所示。

图 13-9　局部修整

要点：挤水操作结束后，如发现膜边缘或底部仍残留气泡，可在气泡对应的玻璃外侧使用烤枪加热处理，配合_____。

步骤 10：撤掉车内防护，如图 13-10 所示。

图 13-10　撤掉车内防护

要点：撕除门板上的遮蔽保护膜，清除玻璃边缝的透明胶带，再用毛巾将门板上的水渍擦拭干净。

四、总结评价与作业

1. 小组汇报实施成果，如表 13-2 所示。

表 13-2　实训作结果汇报

案例名称	汽车侧窗贴膜	
自检 (质检) 基本情况		
自检组别	第　　组	
本组组员	组长：　　　　　　　　　　组员：	
检 查 情 况		
是否完成		
完成时间		
工位是否符合 8S 管理		
工作页填写情况 / 案例实施情况	优点 / 已完成部分 / 正确点： 缺点 / 未完成部分 / 错误点：	
超时或未完成的主要原因		
检查人签字：	日期：	

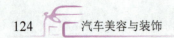

2. 小组互评，如表 13-3 所示。

表 13-3 实训过程性评价表 (小组互评)

组别：＿＿＿＿＿＿＿　　　组员：＿＿＿＿＿＿＿　　　案例名称：＿＿＿＿＿＿＿

学习环节	评 分 细 则	被评组别 / 组员 第＿＿＿组 / 姓名＿＿＿＿	
		分值	得分
相关知识	相关知识填写完整、正确	5	
	演讲、评价、展示等社会能力	5	
操作过程	小组成员分工明确合理，每人的职责均已完成	5	
	工具准备	5	
	门板防护	5	
	打样板	5	
	膜片初裁	5	
	清洗玻璃外表面	5	
	烘烤定型	10	
	膜片精裁	10	
	清洗玻璃内表面	5	
	贴膜	10	
	局部修整	5	
	撤掉车内防护	5	
	检查	5	
质量检验	任务总结正确、完整、流畅	5	
	工作效率较高 (在规定时间内完成任务)	5	
总分 (100 分)	总得分：	评分人签字：	

3. 课后作业。

(1) 在汽车侧风窗贴膜过程中，是否一定要先定形后精裁还是可以先精裁而后定形？

(2) 汽车侧风窗贴膜后发现膜底部出现气泡，该怎么处理？

项目 14
汽车后挡贴膜

一、学习目标

（一）知识目标

1. 能正确使用后挡贴膜所用到的工具及材料。
2. 能双人配合，高质量完成汽车后挡贴膜施工的工艺流程。
3. 通过分工合作完成实训任务，培养团队合作意识。

（二）思政目标

1. 学习基本操作流程和技术要点；
2. 学习行业规范和职业道德要求，树立正确的职业观。

二、资源准备

1. 教学场地

汽车美容与装饰实训室（该实训室布置为理实一体化教室，配有设备、桌椅、多媒体、挂图、制度，共 8 个工位）。

2. 教学资源

参考教材、视频资源、课程标准。

3. 教学设备与工具

(1) 整车 8 台；

(2) 裁膜台 1 台、车膜 1 卷、钢尺 1 把、小刮板 8 个、软刮板 8 个、挤水刮板 8 个、美工刀 8 把、刀片 8 个、喷壶 8 个、烤枪 8 把。

4. 安全防护设施

(1) 操作电源开关要佩戴绝缘手套；

(2) 设备有安全标识的地方需要在老师的指导和监管下操作，不能私自操作。

5. 职位分工

每个班平均 56 人，分成 8 个小组，每小组 7 人，如表 14-1 所示。

表 14-1　小组分工表

序号	模拟岗位	人 数	职　　责
1	小组长	1	全面负责本小组管理
2	技术员	1	负责小组内技术问题
3	安全员	1	负责小组内安全检查
4	成员	4	完成老师与小组长安排的任务

三、学习过程

（一）案例描述

美容技师卡卡根据车主的美容项目要求开展工作。根据车主的贴膜项目要求，需利用专业的汽车贴膜工具，在无尘贴膜工位按照规范的汽车后挡贴膜操作工艺，在一定的时间内，对汽车完成汽车后挡贴膜项目的操作过程。假设你现在就是这位美容技师，你计划怎么完成工作要求？下面我们一起来了解汽车后挡贴膜的相关知识。

（二）相关知识

1. 怎样选择贴膜店

(1) 选择有无尘车间的汽车美容与装饰公司。

(2) 选择品牌。

(3) 寻找防伪标志，并做简单的摩擦鉴别。

(4) 检查有无保证卡。

2. 太阳膜的品牌

(1) 美国雷朋。美国雷朋公司是专业隔热纸的制造厂家。

(2) 美国 3M 防爆太阳膜。目前，3M 系列产品在中国已被广泛认同，其中 3M 防爆太阳膜系列产品以其优良的透视性、隔热性及防爆性能，受到了汽车行业相关人士及广大车主的青睐。

(3) 美国强生。该品牌性价比不错，抗划性好。

(4) 威固。威固是现行市场上公认价格比较贵的膜，其隔热效果和抗紫外线的效果均不错。

(5) 优玛。这个品牌属于中档品牌，性价比高，隔热效果不错，抗划性能也很好。

(6) 日本 FSK 防爆太阳膜。其采用多层钛铬金属成分和电感涂层，能有效隔离强光，避免紫外线辐射危害。

(7) 美国 USL 汽车防爆太阳膜。其产品以质量优、品种齐全、颜色丰富见长。

（三）实训过程

微案例：汽车后挡贴膜

【案例要求】

1.通过老师的示范讲解，各小组进行操作。

2.以小组为单位，完成汽车后挡贴膜的实训操作，填写信息补充完整工作页的相应内容。

【操作步骤】

步骤 1：后排座椅防护，如图 14-1 所示。

图 14-1　后排座椅防护

要点：后排座椅覆盖保护层。

注意：避免施工服纽扣、拉链刮花或污损座椅表面，避免施工过程中水汽渗透导致座椅潮湿，避免工具刮伤、烫伤或损坏座椅。

步骤 2：后搁板防护，如图 14-2 所示。

图 14-2　后搁板防护

要点：撤掉后排座椅头枕，在后搁板覆盖保护层。

注意：避免施工过程中水汽渗透导致扬声器短路，避免工具刮伤、烫伤或破坏内饰。

步骤 3：测量玻璃尺寸，如图 14-3 所示。

图 14-3   测量玻璃尺寸

要点：使用卷尺或钢直尺分别测量后风窗玻璃的长度和宽度。

注意：测量时应以玻璃的最大长度、宽度为基准来测量，而非玻璃四角。如果钢直尺量程不足，测量长度可分两次进行。因此，建议使用至少长_____的卷尺测量。

步骤 4：膜片初裁，如图 14-4 所示。

图 14-4   膜片初裁

要点：根据测量出的玻璃长度与宽度，在裁膜台上进行初裁。通常初裁后风窗膜长度与宽度在测量值的基础上加大_____。

注意：与侧窗膜一致，本裁膜方法使用竖裁工艺。

步骤 5：清洗玻璃外表面，如图 14-5 所示。

图 14-5   清洗玻璃外表面

要点：使用洗车泥吸附后风窗玻璃外表面污垢，如遇到黏附较牢的污垢可用美工刀清除。

注意：清洗完毕后使用软刮板将水分刮净。

步骤6：拉水线，如图14-6所示。

图14-6　拉水线

要点：后风窗膜的烘烤采用干烤法。

注意：首先往手掌上喷水，分别在玻璃的中部与两边画出三道_____的水线，呈_____形。

步骤7：铺膜，如图14-7所示。

图14-7　铺膜

要点：将裁好的后风窗膜覆膜向外、膜层向内，整张贴附于玻璃表面。

注意：确保膜片固定无漏光，同时利用三道水线将膜片绷紧拉直，此时可观察到气泡均匀分布在膜片上下边缘区域。

步骤8：轮廓裁切，如图14-8所示。

图14-8　轮廓裁切

要点：需将多余的膜片裁切掉，以便进行后续烘烤定型步骤。

注意：裁切时需注意避免裁切太多，裁切时膜片四边距离玻璃边缘要有_____的余量，避免烘烤后因膜片收缩导致边缘漏光。

步骤9：干烤定型，如图 14-9 所示。

图 14-9　干烤定型

要点：将膜分成四部分进行施工。烘烤技巧是从中间向外烘烤，对于弧度大的部分采用扩散式烤法最为合适。重复烘烤动作，一手持热风枪，与膜保持适当距离，以适宜温度在需要定形的部位持续旋转，确保膜受热均匀。

注意：_____烘烤加温后的部位，需同时用手将膜片抹平。抹平时要集中注意力，注意膜的变化，若操作过于急躁，则容易折伤膜片。在烤膜过程中，因为车型的差异，玻璃弧度也不同，定型时要注意膜与玻璃完全贴合，直到整张膜片完全贴附在后风窗玻璃上才算定形完成。

步骤10：喷水刮平，如图 14-10 所示。

图 14-10　喷水刮平

要点：掀起约一半膜片，在玻璃上喷洒安装液，随后将膜放下，确保掀膜过程中膜片不移动；再掀起另一半膜片，重复上述操作。

注意：_____。在膜面上喷洒安装液后，使用软刮板顺着膜片收缩的方向，缓慢平稳地把整张膜刮平。

步骤 11：局部弧度处理，如图 14-11 所示。

图 14-11 局部弧度处理

要点：应采用干烤法施工。

注意：采用干烤法施工时，有时难免会在边部残留少量小气泡，这时改用湿烤法可将气泡全部烤平，确保膜与玻璃的完美贴合。

步骤 12：膜片精裁，如图 14-12 所示。

图 14-12 膜片精裁

要点：后风窗膜烘烤定形后，需修边精裁出适配后风窗玻璃的形状。沿黑边裁切时，要注意裁下距离多出_____。精裁完上膜时，若整张膜需压黑边，需确保压黑边不漏光；若不压黑边，则无须预留，直接沿着黑边线条裁剪。精裁时，线条需笔直，弧度曲线需圆滑，下刀要轻，避免过度施力刮伤玻璃。在裁切制动灯部位时，需沿制动灯轮廓内侧操作。为防止划伤玻璃，可在刀尖处垫一块小型有机塑料板（如名片盒材料）。

注意：避免刀尖直接接触玻璃，既可防止玻璃划伤也可避免膜片裁切不顺畅的情况发生。

步骤 13：外部揭膜，如图 14-13 所示。

图 14-13 外部揭膜

要点：将喷壶调至雾状挡位，在后风窗玻璃顶部喷洒安装液。先揭开膜的一角喷洒安装液，并迅速将覆膜盖回原位，用手沿边缘抹平；依次处理其余三角区域，保持中间预留部位呈菱形，此操作可有效防止后续卷膜操作时出现覆膜错位或灰尘侵入膜面的问题。对于右手操作者而言，卷膜是从_____；左手操作者则反之。

注意：膜上下边缘需卷直，在允许范围内卷得越细越好，卷好之后放入车内，便于下一步施工。

步骤 14：清洗玻璃内表面，如图 14-14 所示。

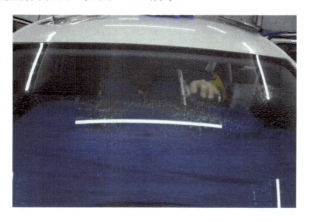
图 14-14 清洗玻璃内表面

要点：关闭两扇后车门后。先将安装液均匀喷洒至整片玻璃上，喷洒时尽量避免喷洒到扬声器上。使用长刮板刮洗整片玻璃，因后风窗玻璃表面分布除雾线，需加大力道并放慢刮拭速度，确保整片玻璃完全刮洗干净；利用软刮板刮净水分，考虑到后风窗玻璃面积较大，其刮不到的边角处再用长刮板收边。

注意：确认玻璃清洗干净之后，需再次喷水为下一步贴膜做准备。

步骤 15：贴膜，如图 14-15 所示。

图 14-15　贴膜

要点：将两根手指要用水清洗干净，先打开整张膜的＿＿＿＿＿＿＿多一些，使其刚好超过倒车灯的位置，立刻喷洒安装液。注意双手配合，动作要快且轻柔，避免膜面接触其他物体。把上一步揭下的膜面部分粘贴到玻璃上并对好位置，为防止之前喷到玻璃上的安装液变干，往尚未贴膜的玻璃上补喷少许安装液，接着继续揭下覆膜，直至全部揭下。覆膜即将全部揭下时，抽覆膜要小心，切勿拉折膜，然后将整张膜全部移动至合适位置。膜片在玻璃上精确定位后，立即喷洒少许安装液润滑。使用挤水刮板或软刮板以十字架式固定，随后逐步刮平（称为"粗赶水"）。向膜面补喷少量安装液，用软刮板先从中间向一侧刮一道；画出一个十字形，将膜面分为四块；再用挤水刮板将水分完全挤出。对于难以挤到水分的边角位置，可先将部分水分导向残余气泡周围，然后用无纺布包裹长刮板缓慢赶压气泡，同时开启烤枪，使用大风量模式烘烤，温度在 250 ～ 400℃之间灵活调节。

注意：不可烘烤过度，以免把膜烤焦。再用烤枪给膜四边加温，在吹干水分的同时还可提升胶的黏度。

步骤 16：撤掉车内防护，如图 14-16 所示。

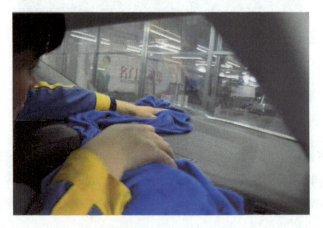

图 14-16　撤掉车内防护

要点：拆卸后排座椅防护套与后搁板防护套。
注意：用干净毛巾将水渍擦拭干净。

四、总结评价与作业

1. 小组汇报实施成果，如表 14-2 所示。

表 14-2 实训作结果汇报

案例名称		汽车后挡贴膜	
自检 (质检) 基本情况			
自检组别		第　　组	
本组组员	组长：　　　　组员：		
检 查 情 况			
是否完成			
完成时间			
工位是否符合 8S 管理			
工作页填写情况 / 案例实施情况		优点 / 已完成部分 / 正确点： 缺点 / 未完成部分 / 错误点：	
超时或未完成的主要原因			
检查人签字：		日期：	

2. 小组互评，如表 14-3 所示。

表 14-3 实训过程性评价表（小组互评）

组别：＿＿＿＿＿＿＿＿ 组员：＿＿＿＿＿＿＿＿ 案例名称：＿＿＿＿＿＿＿＿

学习环节	评 分 细 则	被评组别/组员	
		第＿＿组/姓名＿＿＿＿	
		分值	得分
相关知识	相关知识填写完整、正确	5	
	演讲、评价、展示等社会能力	5	
操作过程	小组成员分工明确合理，每人的职责均已完成	5	
	后排座椅防护、后搁板防护	5	
	测量玻璃尺寸	5	
	膜片初裁	5	
	清洗玻璃外表面	5	
	拉水线	5	
	铺膜	5	
	轮廓裁切	5	
	干烤定型	5	
	喷水刮平	5	
	局部弧度处理	5	
	膜片精裁	5	
	外部揭膜	5	
	清洗玻璃内表面	5	
	贴膜	5	
	撤掉车内防护及检查	5	
质量检验	任务总结正确、完整、流畅	5	
	工作效率较高（在规定时间内完成任务）	5	
总分(100分)	总得分：	评分人签字：	

3. 课后作业。

(1) 在汽车后挡贴膜的膜片烘烤工艺中，高温会影响哪些方面？

(2) 在步骤 15 贴膜完成后，如果膜上面还有折痕，该怎么处理？

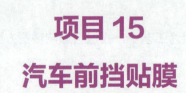

项目 15
汽车前挡贴膜

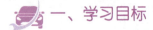

一、学习目标

(一) 知识目标

1. 能正确使用前挡贴膜所用到的工具及材料。
2. 能双人配合，高质量完成汽车前挡贴膜施工的工艺流程。
3. 通过分工合作完成实训任务，培养团队合作意识。

(二) 思政目标

1. 学习基本操作流程和技术要点。
2. 学习行业规范和职业道德要求，树立正确的职业观。

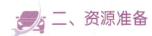

二、资源准备

1. 教学场地

汽车美容与装饰实训室 (该实训室布置为理实一体化教室，配有设备、桌椅、多媒体、挂图、制度，共 8 个工位)。

2. 教学资源

参考教材、视频资源、课程标准。

3. 教学设备与工具

(1) 整车 8 台；

(2) 裁膜台 1 台、车膜 1 卷、钢尺 1 把、小刮板 8 个、软刮板 8 个、挤水刮板 8 个、美工刀 8 把、刀片 8 个、喷壶 8 个、烤枪 8 把。

4. 安全防护设施

(1) 操作电源开关要佩戴绝缘手套；

(2) 设备有安全标识的地方需要在老师的指导和监管下操作，不能私自操作。

5.职位分工

每个班平均56人，分成8个小组，每小组7人，如表15-1所示。

表 15-1　小 组 分 工 表

序号	模拟岗位	人 数	职　　责
1	小组长	1	全面负责本小组管理
2	技术员	1	负责小组内技术问题
3	安全员	1	负责小组内安全检查
4	成员	4	完成老师与小组长安排的任务

三、学习过程

（一）案例描述

美容技师卡卡根据车主的贴膜项目要求，利用专业的汽车贴膜工具，在无尘贴膜工位按照规范的汽车前挡贴膜操作工艺，在一定时间内完成汽车前挡贴膜项目的操作过程。假设你现在就是这位美容技师，你计划怎么完成工作要求？下面我们一起来了解汽车前挡贴膜的相关知识。

（二）相关知识

汽车太阳膜的发展史如下：

第一代：传统染色膜。

染色膜俗称茶纸，其特点是无金属涂层，仅在胶中添加染色剂以避免眩光；可见光透射率低，隔热性能差，90%的红外线可穿透；易褪色（通常变为紫色），长期使用后易出现起泡、卷边现象；低廉的胶层中含有大量危害人体健康的物质。

第二代：金属反光薄膜。

通过反射可见光达到隔热目的，其特点是具有高反射性或镜面外观，易造成光污染；大多为单层金属喷涂，且金属涂层不均匀；部分材料采用蒸发工艺制成（如铝）或通过溅射喷涂工艺生产（如钛）；不具备光谱选择性；高透光的同时无法阻隔大部分热量，隔热性能提升的同时会影响可见光穿透。

第三代：吸热型薄膜。

热控性能略有提升，其特点是在胶层中添加吸热的化学物质，短期内可呈现优异的隔热效果，但饱和后会产生二次辐射，其中远红外线对人体的危害更为显著；不具备光谱选择性，即高透光的同时无法阻隔大部分热量，隔热性能提升的同时会影响可见光穿透；演示时具有隐蔽性，因短暂测试中热量不足，不会暴露其缺陷，从而达到误导消费者的目的。

第四代：智能光谱选择薄膜。

使用磁控溅射工艺生产，是具备光谱选择功能的智能薄膜，其特点是在保证优异隔热性能的同时，最大限度允许可见光透过；由贵金属（银、金）及氧化铟等多涂层溅射而成，通过反射而非吸收热量，避免产生二次辐射。此技术被美国权威科学杂志《大众科学》评选为千年以来100大发明之一。

（三）实训过程

微案例：汽车前挡贴膜

【案例要求】

1. 通过老师的示范讲解，各小组进行操作。

2. 以小组为单位，完成汽车前挡贴膜的实训操作，填写信息补充完整工作页的相应内容。

【操作步骤】

步骤 1：测量玻璃高度、膜片初裁、玻璃外表面清洗等步骤与前一项内容相同。

步骤 2：铺膜，如图 15-1 所示。

图 15-1　铺膜

要点：铺膜前先在玻璃上喷洒安装液，水量需充足，否则会导致无法进行湿烤。两名技师将裁好的前风挡膜架起，先对准上边两角，让膜自然下放至玻璃表面并一次性放好，避免反复移动。

注意：由于烤膜方法采用拉伸湿烤工艺，所以膜的上下部分都要＿＿＿＿＿＿＿＿。

步骤 3：分泡，如图 15-2 所示。

图 15-2　分泡

要点：用手配合软质烤膜刮板，将膜的中间及上下两边刮平。

注意：特别是＿＿＿＿＿＿＿＿＿＿＿＿＿＿＿＿＿＿＿＿＿＿，让气泡均匀分布在两边。

步骤 4：轮廓裁切，如图 15-3 所示。

图 15-3　轮廓裁切

要点：裁切多余膜片时，膜片上下距离玻璃边缘需预留＿＿＿＿＿＿＿＿＿＿＿；两侧如果过长可适当裁切，但剩余长度必须超过＿＿＿＿＿＿＿＿＿＿，以满足后续烘烤定形步骤的操作需求。

注意：裁切多余膜片时，避免裁切过量。

步骤 5：拉伸湿烤定型，如图 15-4 所示。

图 15-4　拉伸湿烤定型

要点：操作从副驾驶位置开始。拉伸湿烤法与传统湿烤法原理相似，操作时先用一只手对准气泡尖端将膜片拉起，另一只手持烤枪对膜表面进行烘烤。＿＿＿＿＿＿＿＿＿＿＿＿＿
＿＿＿＿＿＿＿＿＿＿＿＿＿＿＿＿＿＿＿＿＿＿＿＿＿＿＿＿＿＿。

在烘烤过程中，膜片需完整平贴，确保受热面积大于玻璃面积，同时要受热均匀，以免拉伸定形时，因局部加温而无法拉伸。烤至边缘时，需将膜片收缩至超过玻璃内侧边缘。

用美工刀将玻璃内侧边缘至膜片多余部分裁切掉。

注意：膜片仍需超出玻璃内侧边缘约 1 cm。若发现仍残留小气泡，再用湿烤法或内灌风工艺消除汽泡，使膜片与玻璃完美贴合。

将烘烤平整的膜片贴合玻璃方向压下，注意施压时控制好力度，避免受热后的玻璃被压裂。下压过程中将膜片横向轻拉，使其自然顺应玻璃弧度定形，同时配合烤膜刮板将膜片刮平。若刮平过程中润滑不足，可掀起膜片，在玻璃表面补充少许安装液。

　　步骤6：膜片精裁，如图15-5所示。

图15-5　膜片精裁

　　要点：前风窗膜烘烤定形后，需修边精裁出适配前风窗玻璃的形状。沿着黑边裁切时，要注意裁下距离多出_____。精裁完上膜时，若整张膜需压黑边，需确保压黑边不漏光；若不压黑边，则无须预留，直接沿着黑边线条裁剪。精裁时，线条需笔直，弧度曲线需圆滑，下刀要轻，避免过度施力刮伤玻璃。

　　注意：为防止刮伤玻璃，可在刀尖处垫一块有机塑料板(如名片盒材料)，既避免刀尖直接接触玻璃，又能防止膜片裁切不彻底的情况发生。

　　步骤7：外部揭膜，如图15-6所示。

图15-6　外部揭膜

　　要点：从主驾驶位置开始揭膜，揭开膜的上下两角后，立即快速喷洒安装液，并迅速将覆膜盖回原处，同时用手抚平；再从副驾驶位置揭膜，揭开膜的上下两角后，立即喷洒安装液，使中间预留部位呈菱形，以防止后续卷膜操作时出现覆膜错位或灰尘侵入膜面的问题。对于右手操作者而言，卷膜是从副驾驶位置向主驾驶位置卷起；左手操作者则反之。

　　注意：膜上下边缘需卷直，在允许范围内_____，卷好之后放入车内便于下一步施工。

步骤 8：车内防护，如图 15-7 所示。

图 15-7 车内防护

要点：为前排座椅覆盖保护层，避免施工服纽扣、拉链刮花或污损座椅表面，避免施工过程中水汽渗透导致座椅潮湿，避免工具刮伤、烫伤或损坏座椅。为车内仪表台与方向盘覆盖保护层，避免施工过程中工具碰撞、服装配件刮伤仪表台及方向盘表面。

若后视镜妨碍贴膜操作，需将其拆除。不同车型后视镜的拆除方法存在差异，操作时务必小心，避免损坏玻璃及其他内饰件。

注意：A 柱与仪表台衔接的缝隙处，务必要进行遮蔽防水处理，避免施工过程中水汽或水流渗入仪表台电子设备。

步骤 9：玻璃内表面清洗，如图 15-8 所示。

图 15-8 玻璃内表面清洗

要点：关闭两扇前车门后。先将安装液均匀喷洒至整片玻璃，注意避免喷洒到音响扬声器。使用长刮板刮洗整片玻璃，由于前风挡玻璃是整车玻璃中面积最大的一块，刮洗时需加大力度、放慢动作、仔细操作，确保完全刮洗干净。随后，用软刮板刮净残留水分。考虑到因玻璃面积较大导致软刮板无法触及的边角区域，再用长刮板进行收边处理。

注意：确认玻璃清洗干净后，方可再次喷水，为后续贴膜步骤做好准备。

步骤 10：贴膜，如图 15-9 所示。

图 15-9　贴膜

要点：膜片在玻璃上精确定位后，立即喷洒少许安装液，使用挤水刮板或软刮板以十字架式固定，随后逐步刮平 (称为"粗赶水")。向膜面补喷少量安装液，使用软刮板先从中间向一侧刮一道；画出一个十字形，将膜面分为四块；再用挤水刮板将水分完全挤出。对于难以挤到水分的边角位置，可先将部分水分导向残余气泡周围，然后用无纺布包裹长刮板缓慢赶压气泡，同时开启烤枪，使用大风量模式烘烤，温度在 250 ~ 400℃之间灵活调节。

注意：不可烘烤过度，以免把膜烤焦。再用烤枪给膜四边加温，在吹干水分的同时还可提升胶的黏度。

步骤 11： 后视镜安装，如图 15-10 所示。

图 15-10　后视镜安装

要点：将拆卸下来的后视镜重新安装至原先的位置。

注意：_____。

步骤 12： 撤掉车内防护，如图 15-11 所示。

图 15-11　撤掉车内防护

要点：拆除前排座椅、仪表台与方向盘的防护套。

注意：用干净毛巾将水渍擦拭干净。

四、总结评价与作业

1. 小组汇报实施成果，如表 15-2 所示。

表 15-2　实训操作结果汇报

案例名称	汽车前挡贴膜	
自检（质检）基本情况		
自检组别	第　　组	
本组组员	组长：	组员：
检 查 情 况		
是否完成		
完成时间		
工位是否符合 8S 管理		
工作页填写情况 / 案例实施情况	优点 / 已完成部分 / 正确点： 缺点 / 未完成部分 / 错误点：	
超时或未完成的主要原因		
检查人签字：	日期：	

2. 小组互评，如表 15-3 所示。

表 15-3　实训过程性评价表（小组互评）

组别：_____　组员：_____　案例名称：_____

学习环节	评 分 细 则	被评组别 / 组员	
		第_____组 / 姓名_____	
		分值	得分
相关知识	相关知识填写完整、正确	5	
	演讲、评价、展示等社会能力	5	
操作过程	小组成员分工明确合理，每人的职责均已完成	5	
	测量玻璃高度	5	
	膜片初裁	5	
	玻璃外表面清洗	5	
	铺膜	5	
	分泡	5	
	轮廓裁切	5	
	拉伸湿烤定型	5	
	膜片精裁	5	
	外部揭膜	5	
	车内防护	5	
	玻璃内表面清洗	5	
	贴膜	5	
	后视镜安装	5	
	撤掉车内防护	5	
	检查	5	
质量检验	任务总结正确、完整、流畅	5	
	工作效率较高（在规定时间内完成任务）	5	
总分（100 分）	总得分：	评分人签字：	

3. 课后作业。

(1) 在汽车前挡贴膜的膜片烘烤工艺中，温度低会造成什么影响？

(2) 贴膜完成后，如果膜上仍有气泡，该如何处理？

模块四

电子产品加装与调试

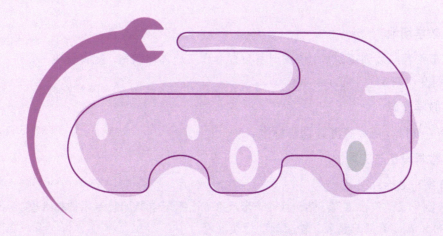

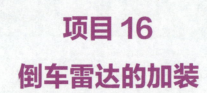

项目 16
倒车雷达的加装

一、学习目标

（一）知识目标

1. 能正确使用倒车雷达加装所用到的工具及材料。
2. 能双人配合，高质量完成倒车雷达加装施工的工艺流程。
3. 通过分工合作完成实训任务，培养团队合作意识。

（二）思政目标

1. 通过具体事例，学习正确的操作流程和技术要点。
2. 树立正确的职业观和精益求精的职业道德精神。

二、资源准备

1. 教学场地

汽车美容与装饰实训室（该实训室布置为理实一体化教室，配有设备、桌椅、多媒体、挂图、制度，共 8 个工位）。

2. 教学资源

参考教材、视频资源、课程标准。

3. 教学设备与工具

(1) 整车 8 台；

(2) 倒车雷达产品 8 套、钻枪 8 个、米尺 8 个、汽车电器加装专用撬棒 8 套、示灯 8 个、电工胶布 8 卷、美工刀 8 个、轮胎制动挡块 8 套。

4. 安全防护设施

(1) 操作电源开关要佩戴绝缘手套；

(2) 设备有安全标识的地方需要在老师的指导和监管下操作，不能私自操作。

5. 职位分工

每个班平均 56 人，分成 8 个小组，每小组 7 人，如表 16-1 所示。

表 16-1　小 组 分 工 表

序号	模拟岗位	人　数	职　　责
1	小组长	1	全面负责本小组管理
2	技术员	1	负责小组内技术问题
3	安全员	1	负责小组内安全检查
4	成员	4	完成老师与小组长安排的任务

三、学习过程

（一）案例描述

美容技师卡卡根据车主的美容项目要求及对汽车驾驶安全性能的要求，车载电器安装技师在车载电器加装工位，按照规范的倒车雷达安装操作工艺，在一定时间内，完成倒车雷达加装项目的操作过程，以达到车主满意的效果。假设你现在就是这位美容技师，你计划怎么完成工作要求？下面我们一起来了解汽车倒车雷达加装的相关知识。

（二）相关知识

1. 什么是倒车雷达

倒车雷达全称叫"倒车防撞雷达"，又称"泊车辅助装置"或"倒车电脑警示系统"。它是汽车驻车或倒车时的安全辅助装置，能以声音或更直观的显示告知驾驶人周围障碍物的情况，解除其在驻车、倒车和启动车辆时因前后左右探视所产生的困扰，同时帮助驾驶人扫除视野死角和视线模糊的缺陷。

2. 倒车雷达的组成

倒车雷达主要由超声波传感器（俗称探头）、控制器（主机）和显示器或蜂鸣器等组成。

(1) 超声波传感器：主要功能是发射和接收超声波信号，然后将信号输入至主机，通过显示设备呈现出来。

(2) 控制器：其作用是对信号进行处理，计算车体与障碍物之间的距离及方位。

(3) 显示器或蜂鸣器：当传感器探测到汽车与障碍物之间的距离达到危险阈值时，系统会通过显示器和蜂鸣器发出警报，提醒驾驶人。

3. 倒车雷达的功能

(1) 雷达测距：采用嵌入式雷达测距技术，通过数码显示距离，让泊车过程更轻松、更安全。

(2) 语音报距：能及时报出与障碍物之间的距离。

(3) 和弦警示音：根据车辆与障碍物的不同距离，发出相应的警示音。

4. 注意事项

(1) 探头安装高度不宜过低，以免探测到地面。

(2) 探头安装方向，探头背面均标有"UP"小箭头标志，安装时应确保箭头朝上。

(3) 在保险杠上开孔后，需要修整产生的毛边，避免探头安装过紧。

(4) 将探头装入孔内时，禁止用手按压探头中间向里推 (中间为振动区，受力易损坏)，正确方法是按压探头两侧向里推。

（三）实训过程

微案例：倒车雷达的加装

【案例要求】

1. 通过老师的示范讲解，各小组进行操作。

2. 以小组为单位，完成倒车雷达加装的实训操作，填写信息补充完整工作页的相应内容。

【操作步骤】

步骤 1： 确定探头位置，如图 16-1 所示。

图 16-1 确定探头位置

要点：通过测量确定 4 个探头的位置。通常情况下，4 个探头需等高安装，离地距离控制在 50 ～ 70 cm 之间 (不同车型的离地高度要求存在差异)。先确定两侧探头的位置，再确定中间两个探头的位置，4 个探头之间间距达到＿＿＿＿＿＿＿＿＿＿。

注意：倒车雷达一般安装在前后保险杠 (塑料件) 上，不建议安装在金属板材上，因金属板材振动时会引发探头共振，导致误报。

标记每个探头的安装位置时，需确保 4 个探头的间距相等，且处于同一条水平线上。

步骤 2： 检查探头，如图 16-2 所示。

图 16-2　检查探头

要点：取出倒车雷达产品中的自带探头，确认钻头与探头直径＿＿＿＿＿＿＿＿，方可进行打孔安装。

注意：若钻头直径大于探头直径，会导致探头无法安装或安装后松动；若钻头直径小于探头直径，则探头将无法嵌入安装孔。

步骤 3：钻孔，如图 16-3 所示。

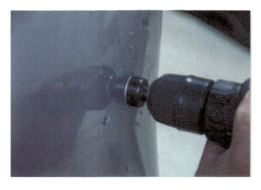

图 16-3　钻孔

要点：钻头需与接触面保持垂直，钻孔过程中避免用力过猛导致钻头突然钻通后损伤漆面，开孔间距需＿＿＿＿＿＿＿＿，左右位置需＿＿＿＿＿＿＿＿。

注意：先使用尖锐物体在标记处预钻盲眼，以防电钻启动时打滑损伤保险杠；预钻完成后，再用电钻钻孔。

步骤 4：修边，如图 16-4 所示。

图 16-4　修边

要点：使用＿＿＿＿＿＿修边，防止因毛边残留而影响探头安装。

注意：修边工具锋利，小心伤手；避免刀片接触并刮伤漆面。

步骤 5：探头安装，如图 16-5 所示。

图 16-5　探头安装

要点：安装时需按照探头上箭头指示方向，使用双手大拇指均衡施力，将探头压入车体并确保与车身紧密贴合。探头的排列顺序＿＿＿＿＿＿，否则会导致雷达系统对障碍物距离和方位的识别异常。

注意：需在感应器上套入附带的橡胶圈，以防止水分和灰尘渗入探头内部，影响探测精度。安装按压探头时着力于边缘部位，避免用力按压中间部位而造成探头损坏。

步骤 6：布置探头线束，如图 16-6 所示。

图 16-6　布置探头线束

要点：探头线必须远离＿＿＿＿＿＿，因排气管温度很高，距离过近会引起电路短路而烧坏雷达。在主机布置线束过程中，使用扎带将线束拉直，再用铁丝将线束从车底引入至行李箱内。按照说明书指定位置将 4 个探头的线束与主机相连接。

注意：要确保线路连接牢固，防止接触不良或短路。

步骤 7：安装显示器，如图 16-7 所示。

图 16-7　安装显示器

要点：一般情况下，显示器安装在仪表台右侧，也可以根据车主习惯安装在仪表台左侧。

注意：将倒车雷达显示器固定在驾驶员视线容易捕捉到的位置。要确保显示器安装牢固、角度合适，以便驾驶员在倒车时进行观察。

步骤 8：布置显示器线束，如图 16-8 所示。

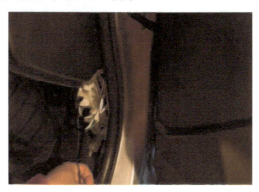

图 16-8　布置显示器线束

要点：轻柔地拆开右前门、右后门门槛饰板，避免拆断卡扣。将线束绷直拉紧，放置于门饰板槽内，再装回门饰板。确保内部排线隐蔽，对于较长需卷绕的线束，务必先理顺后有条理地包扎好，安置并固定在行李箱侧边内部。按照说明书将显示器插头连接至主机上。

注意：布线需隐蔽、美观，避免影响车辆内部的美观度和驾乘舒适度。

步骤 9：查找倒车灯线，如图 16-9 所示。

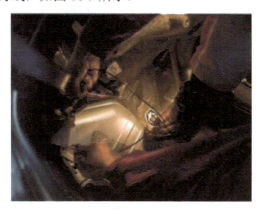

图 16-9　查找倒车灯线

要点：使用专用撬棒撬开行李箱内左侧衬垫上的卡扣，找到用电器线束和接地线束。将车辆通电，无须发动，准确挂入倒挡，用示灯检测倒车灯线。检测方法为：_____

_____

_____。

注意：使用撬棒撬开行李箱内卡扣时，需小心操作，避免损坏内衬。

步骤 10：接主机线，如图 16-10 所示。

图 16-10　接主机线

要点：连接前将挡位重新退回至 P 位并断电，然后按照说明书将电源线的插头连接至主机的对应接口处，将电源线的_____。连接倒车灯线时，务必用电工胶布包扎好破口连接处，避免造成短路，接地线必须固定牢固。

注意：找准线路后再进行连接，要确保接触牢固可靠，避免出现接触不良或短路的情况。

步骤 11：测试倒车雷达，如图 16-11 所示。

图 16-11　测试倒车雷达

要点：再次将车辆通电，将变速杆挂入倒挡位，站在车后大约_____的位置，测试倒车雷达是否发出警示音，同时观察显示屏上的数字距离是否发生变化。

注意：在车后放置障碍物，观察倒车雷达显示器的屏幕状态。要确保雷达能够准确探测障碍物并发出相应的警告信号。如果雷达在测试过程中出现误报或漏报的情况，需调整探头的角度和位置，直到达到最佳探测效果。

步骤 12：隐藏主机和线束，如图 16-12 所示。

图 16-12　隐藏主机和线束

要点：揭开主机背面的双面胶，将主机与线束粘贴在行李箱衬垫与铁皮的夹层中。

注意： 各种线束的安放位置不得影响衬垫的复原。

四、总结评价与作业

1. 小组汇报实施成果，如表 16-2 所示。

表 16-2　实训操作结果汇报

案例名称		倒车雷达的加装
自检 (质检) 基本情况		
自检组别		第　　　组
本组组员	组长：	组员：
检 查 情 况		
是否完成		
完成时间		
工位是否符合 8S 管理		
工作页填写情况 / 案例实施情况		优点 / 已完成部分 / 正确点： 缺点 / 未完成部分 / 错误点：
超时或未完成的主要原因		
检查人签字：		日期：

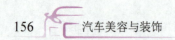

2. 小组互评，如表 16-3 所示。

表 16-3 实训过程性评价表（小组互评）

组别：_____ 组员：_____ 案例名称：_____

学习环节	评 分 细 则	被评组别 / 组员	
		第____组 / 姓名_____	
		分值	得分
相关知识	相关知识填写完整、正确	5	
	演讲、评价、展示等社会能力	5	
操作过程	小组成员分工明确合理，每人的职责均已完成	5	
	工具设备准备	5	
	确定探头位置	5	
	检查探头	5	
	钻孔	10	
	修边	5	
	探头安装	5	
	布置探头线束	5	
	安装显示器	5	
	布置显示器线束	5	
	查找倒车灯线	5	
	接主机线	5	
	测试倒车雷达	5	
	隐藏主机和线束	5	
	检查	5	
质量检验	任务总结正确、完整、流畅	5	
	工作效率较高（在规定时间内完成任务）	5	
总分 (100 分)	总得分：	评分人签字：	

3. 课后作业。

(1) 显示器可以安装在仪表台中间吗？

(2) 查找倒车灯线还可以使用什么仪器？

项目 17
车载导航的加装

一、学习目标

（一）知识目标

1. 能正确使用车载导航的加装所用到的工具及材料。
2. 能双人配合，高质量完成车载导航加装施工的工艺流程。
3. 通过分工合作完成实训任务，培养团队合作意识。

（二）思政目标

1. 通过具体示例，学习正确的操作流程和技术要点。
2. 树立正确的职业观和精益求精的职业道德精神。

二、资源准备

1. 教学场地

汽车美容与装饰实训室（该实训室布置为理实一体化教室，配有设备、桌椅、多媒体、挂图、制度，共 8 个工位）。

2. 教学资源

参考教材、视频资源、课程标准。

3. 教学设备与工具

(1) 整车 8 台；
(2) 导航产品 8 套、飞扳 8 个、10 号套筒 8 套、专用撬棒 8 个、电工胶布 8 卷。

4. 安全防护设施

(1) 操作电源开关要佩戴绝缘手套；
(2) 设备有安全标识的地方需要在老师的指导和监管下操作，不能私自操作。

5. 职位分工

每个班平均 56 人，分成 8 个小组，每小组 7 人，如表 17-1 所示。

表 17-1　小 组 分 工 表

序号	模拟岗位	人 数	职　　责
1	小组长	1	全面负责本小组管理
2	技术员	1	负责小组内技术问题
3	安全员	1	负责小组内安全检查
4	成员	4	完成老师与小组长安排的任务

三、学习过程

（一）案例描述

美容技师卡卡根据车主的美容项目需求和驾驶安全要求，在车载电器加装工位，严格执行车载导航加装的操作规范，在规定时限内完成项目，确保车主满意。假设你是这位技师，你会如何完成这项工作？下面我们一起了解车载导航加装的相关知识。

（二）相关知识

1. 什么是车载导航

车载导航是利用车载 GPS（全球定位系统）配合电子地图实现的，驾车者只需将目的地输入汽车导航系统，系统便会依据电子地图自动计算出最合适的驾驶路线，并在车辆行驶过程中（如转弯前）提示驾驶人按规划路线行驶。

2. 车载导航的组成

一套车载导航装置主要由导航主机和导航显示终端两部分构成。内置的 GPS 天线会接收到来自环绕地球的 24 颗 GPS 卫星中至少 3 颗传递的数据信息，由此测定汽车的当前位置。导航主机将通过 GPS 卫星信号获取的位置坐标与电子地图数据相匹配，即可确定汽车在电子地图中的精确位置。在此基础上，系统可实现行车导航、路线推荐、信息查询、播放 AV/TV 等多种功能。驾驶人只需通过观看显示器上画面、收听语音提示并操作手中的遥控器即可实现上述功能，从而轻松自如地驾车。具体而言，汽车 GPS 导航系统由两部分组成：一部分是安装在汽车上的 GPS 接收机和显示设备；另一部分为计算机控制中心，两部分通过定位卫星进行联系。

计算机控制中心由机动车管理部门授权组建，负责实时监控辖区内指定汽车的动态和交通情况，因此汽车导航系统至少具备两大功能：一是汽车踪迹监控功能，只需在汽车上安装已编码的 GPS 接收装置，该汽车无论行驶至何处，均可通过计算机控制中心的电子地图实时显示具体方位；二是驾驶指南功能，车主可将各个地区交通线路电子图存储在软盘中，只需在车载接收装置中插入软盘，显示屏会立即显示出该车所在区域的位置及当前交通状态。用户既可输入目的地，由系统预先规划出最佳行驶路线，又可接收计算机控制中心的指令，由系统选择汽车行驶的路线和方向。

3. 车载导航的功能

1) 地图查询功能

用户可在操作终端搜索目的地位置，记录并保存常用地点的位置信息，还能与他人共享。此外，车载导航支持模糊查询附近或指定位置的加油站、宾馆、停车场等信息。

2) 路线规划功能

导航系统会根据用户设定的起始点和目的地，自动规划一条或多条线路 (2 ～ 3 条)。用户可自定义规划线路条件，如设定某些途经点，或选择是否避开高速路段等功能。

3) 自动导航功能

(1) 语音导航：提前通过语音向驾驶人播报路口转向、导航系统状况等行车信息，如同专业的向导指引如何驾车前往目的地。

(2) 画面导航：操作终端会实时显示地图、车辆当前位置、行车速度、目的地的剩余距离、规划路线提示、路口转向提示等行车信息。

(3) 重新规划线路：当车辆未按规划的线路行驶或走错路口时，导航系统将根据当前位置，重新规划新的行驶路线。

4. 汽车导航仪的接线

1) 电源系统接线

电源系统是汽车导航仪稳定运行的基石，正确连接电源线路不仅能保障设备持续工作，更能有效规避潜在的电路安全风险。汽车导航仪的电源系统接线主要包含常电线路、ACC 控制线和接地线的连接，每种线路均具备特定的功能要求与连接规范。

(1) 点烟器接线法：这是最简便的接入方式，只需将导航仪电源线插头插入车辆点烟器插孔即可。其优势在于操作简易且无须改装原车电路；缺点在于线缆暴露于车厢内可能影响整体美观，且点烟器电源常在车辆熄火后断电，导致导航仪无法保持记忆功能。

(2) 保险盒接线法：这种更专业的接线方式需将导航仪电源线接入汽车保险盒的对应位置。常电线 (黄色，标记为 +BATT) 应连接至保险盒内的常电保险丝，确保车辆熄火后仍能为导航仪提供持续电力，维持时间记忆及存储功能；ACC 控制线 (红色) 则需接入点火开关控制电路，保证导航仪随车辆启动同步工作。

(3) 接地线 (黑色，标记为 GND) 的连接至关重要，必须确保其与车身金属部件形成可靠接触。接地点的金属表面应保持清洁无锈蚀，连接务必牢固，建议采用带齿垫圈以增强导电性能。电源线连接完成后，建议使用万用表检测电压，确认导航仪获得稳定的 12 V 电源供应，同时仔细检查所有接线端的绝缘处理是否完善，彻底杜绝短路隐患。

2) 功能线路连接

完成电源系统接线后，接下来需接通导航仪的各项功能线路。这些线路承载着导航仪与车辆其他系统实现协同运作的关键任务。功能线路的连接操作需格外精细，因其直接关乎信号传输的稳定性与质量。

(1) 音响系统连接：音响线束通常包括 4 组喇叭线 (前左、前右、后左、后右)，每组由正负极两条线组成。具体接线方式为：白色线接前左喇叭正极，白 / 黑条纹线接前左喇叭负极；灰色线接前右喇叭正极，灰 / 黑条纹线接前右喇叭负极；绿色线接后左喇叭正极，绿 / 黑条纹线接后左喇叭负极；紫色线接后右喇叭正极，紫 / 黑条纹线接后右喇叭负极。

(2) 倒车影像系统连接：该系统通常包含 5 根关键线路：传输视频信号的黄色视频线 (共两根)、连接倒车灯正极的红色电源线、连接车体负极的棕色或黑色地线，以及 1 根连接导航主机倒车信号输入的倒车检测线。当车辆挂入倒挡时，倒车灯电源触发摄像头工作，同时向导航主机同步发送信号，使其自动切换至倒车影像界面。安装过程中，摄像头应固定于车牌附近，镜头朝向车尾方向，安装高度需合理以避免画面畸变。

GPS 天线的安装位置将显著影响导航系统的定位精度与响应速度。理想安装位置位于仪表盘上方、前风窗玻璃下方区域，此处金属遮挡物少，拥有开阔的天空视野。GPS 天线需远离其他电子设备，以最大限度降低信号干扰；同时必须牢固固定，避免行驶过程中发生位移。部分车型可能需将天线安装于车外 (如车顶)，此时须确保安装接口的密封性，严防雨水渗入。

3) 安装后检查与测试

完成所有线路连接后，系统性的检查与测试是确保导航仪正常工作的重要环节。这一阶段的工作可以及时发现并纠正安装过程中的问题，避免日后使用中出现故障或安全隐患。

(1) 线路检查：检查每一条线路的连接是否牢固，特别是电源线和接地线不能有松动；检查线束的绝缘和防护是否完善，重点查看是否有裸露的金属部分，所有接线头都应使用绝缘胶带或热缩管妥善处理；检查线束的走向和固定是否合理，确保线束远离高温部件 (如排气管、发动机) 和活动部件 (如座椅导轨、方向盘转向柱)，防止磨损或受热损坏。

(2) 电源测试：启动车辆，检查导航仪是否能正常开机，关机后是否保持设置记忆 (测试常电连接)；观察导航仪是否随点火开关启闭 (测试 ACC 连接)。

(3) 音频测试：播放音乐测试各声道喇叭是否正常工作，确认左右平衡和前后衰减调节有效；测试导航语音提示是否能自动压低音乐音量 (测试静音线连接)。

(4) 倒车影像测试：挂入倒挡，检查倒车影像是否自动显示，图像是否清晰无干扰，辅助线是否正确标定。

(5) 导航功能测试：在空旷地带启动导航，检查 GPS 信号接收强度，定位是否准确，路线规划是否合理。

(6) 最终安装：测试通过后，可进行最终安装。整理所有多余线材，使用扎带或波纹管捆扎固定，避免行车时产生异响；将导航主机稳妥地推入安装位，确保四周间隙均匀，使用配套螺丝固定；按原厂要求装回内饰面板，注意所有卡扣到位，避免强行安装导致损坏；清洁安装区域，特别是屏幕表面，避免留下指纹或划痕。

4) 注意事项

(1) 操作时务必断开电源，防止发生短路；

(2) 建议使用原厂转接线束，降低改装风险；

(3) 如遇技术难题，应及时寻求专业人员帮助；

(4) 定期检查线路连接情况，确保使用安全。

正确的接线方法不仅能确保设备正常工作，还能延长其使用寿命，为驾驶提供更可靠的导航体验。

（三）实训过程

微案例：车载导航的加装

【案例要求】

1. 通过老师的示范讲解，各小组进行操作。

2. 以小组为单位，完成车载导航加装的实训操作，填写信息补充完整工作页的相应内容。

【操作步骤】

步骤 1： 拆除行李箱装饰板，如图 17-1 所示。

图 17-1　拆除行李箱装饰板

要点：使用内饰拆装专用卡扣起子拆除卡扣。注意＿＿＿＿＿＿＿＿＿＿＿＿。

注意：使用卡扣起子时，为避免内饰损伤，需在卡扣起子下部垫一块软布。

步骤 2： 安装摄像头，如图 17-2 所示。

图 17-2　安装摄像头

要点：拆除原车牌照灯后，将摄像头安装至牌照灯位置。安装时注意＿＿＿＿＿＿＿＿。

注意：若原车牌照灯处无法安装，可采用粘贴摄像头或迷你自攻螺丝固定等方式安装摄像头。

步骤 3：连线，如图 17-3 所示。

图 17-3　连线

要点：连接摄像头的电源线和视频线，注意＿＿＿＿＿连接完成后使用电工胶布粘贴好。

注意：要保证线路对应且连接牢固，避免出现接触不良的情况。

步骤 4：布置摄像头视频线，如图 17-4 和图 17-5 所示。

图 17-4　布置摄像头视频线图 (1)

图 17-5　布置摄像头视频线 (2)

要点：(1) 将视频线从行李箱的孔洞中牵引至车内。

(2) 依次拆开左后门、左前门门槛饰板，将视频线引入，注意＿＿＿＿＿＿。最后将视频线穿引至主驾驶位左下角区域，为与主机对接做准备。

注意：线路应布置整齐，避免与其他部件干涉，并使用电工胶带固定牢固，防止松动、短路；穿过板路孔洞时，孔洞处线路需加厚包扎，避免行驶中因抖动摩擦导致破损，影响使用。

步骤 5：拆除原车 CD 机，如图 17-6 所示。

图 17-6　拆除原车 CD 机

要点：使用扳手＿＿＿＿＿＿＿套筒拆除掉原车 CD 机上的紧固螺钉；随后取下原车 CD 机，注意＿＿＿＿＿＿＿＿＿＿＿。

注意：操作时，工具切勿损伤仪表台上的零部件表面。

步骤 6：安装 GPS 天线，如图 17-7 所示。

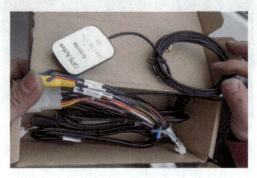

图 17-7　安装 GPS 天线

要点：从产品盒中取出 GPS 天线，将线束松开并理顺；将 GPS 天线置于汽车右侧 A 柱内，通过双面胶粘贴固定；再将 GPS 天线引至导航主机后方，与导航主机电源完成连接。

注意：需使用电工胶带妥善固定，避免出现松动和短路情况。

步骤 7：连接摄像头视频线，如图 17-8 所示。

图 17-8　连接摄像头视频线

要点：将摄像头视频线与导航主机电源线连接。

注意：务必先断开汽车电源，避免因短路损坏设备，进而引发安全问题。

步骤 8：安装导航主机，如图 17-9 所示。

图 17-9　安装导航主机

要点：将 USB 线穿引至副驾驶杂物箱；分别将 USB 线、收音机天线、GPS 天线、导航电源线、集成线插接至导航主机上；再将导航面板卡入原车 CD 机位置。至此，安装完成。

注意：确保线路连接正确，插头等插接牢固。

步骤 9：安装后调试，如图 17-10 所示。

图 17-10　安装后调试

要点：将车辆通电，挂入倒挡，检测倒车影像是否正常使用。参照产品说明书_____，确认以下功能：

(1) 地图查询功能：可在操作终端搜索你计划前往的目的地位置；可记录常去目的地的位置信息并保存，也可与他人共享这些位置信息；还可模糊查询附件或某个附近位置如加油站、宾馆、取款机等信息。

(2) 路线规划功能：GPS 导航系统会依据设定的起始点和目的地，自动规划一条线路；规划线路时，可设定是否经过某些途经点，也可设定是否避开高速等。

(3) 自动导航、语音导航：用语音提前向驾驶者提供路口转向、导航系统状况等行车信息，如同懂路的向导告知如何驾车前往目的地，该功能使驾驶者无须观看操作终端，通过语音提示即可安全抵达，这是导航中最重要的一个功能。

(4) 画面导航：在操作终端上会显示地图、车子当前位置、行车速度、与目的地的距离、规划路线提示、路口转向提示等行车信息。

(5) 重新规划线路：当未按规划线路行驶或走错路口时，GPS 导航系统会根据当前位置，重新规划一条到达目的地的新线路。

注意：打开导航设备进行设置和调试，调试内容包括但不限于语言选择、地图校准、音量调节、导航测试、音频测试、蓝牙连接测试等，要确保所有功能正常工作，无异常和干扰。

步骤 10：车身复原，如图 17-11 所示。

图 17-11　车身复原

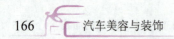

要点:导航测试无问题后,做好车身复原工作,如安装行李箱装饰板、车门门槛饰板等。

注意: 将拆除的原车面板重新安装,确保安装牢固;对场地进行 6S 恢复,工具清洁后入柜。

四、总结评价与作业

1. 小组汇报实施成果,如表 17-2 所示。

表 17-2　实训操作结果汇报

案例名称	车载导航的加装	
自检 (质检) 基本情况		
自检组别	第　　组	
本组组员	组长:	组员:
检 查 情 况		
是否完成		
完成时间		
工位是否符合 8S 管理		
工作页填写情况 / 案例实施情况	优点 / 已完成部分 / 正确点: 缺点 / 未完成部分 / 错误点:	
超时或未完成的主要原因		
检查人签字:	日期:	

2. 小组互评，如表 17-3 所示。

表 17-3　实训过程性评价表（小组互评）

组别：_____　组员：_____　案例名称：_____

学习环节	评 分 细 则	被评组别 / 组员 第____组 / 姓名_____	
		分值	得分
相关知识	相关知识填写完整、正确	5	
	演讲、评价、展示等社会能力	5	
操作过程	小组成员分工明确合理，每人的职责均已完成	5	
	工具设备准备	5	
	拆除行李箱装饰板	5	
	安装摄像头	5	
	连线	5	
	布置摄像头视频线	10	
	拆除原车 CD 机	5	
	安装 GPS 天线	5	
	连接摄像头视频线	5	
	安装导航主机	10	
	安装后调试	10	
	车身复原	5	
	检查	5	
质量检验	任务总结正确、完整、流畅	5	
	工作效率较高（在规定时间内完成任务）	5	
总分 (100 分)	总得分：	评分人签字：	

3. 课后作业。

(1) 在操作步骤 6 时，将 GPS 天线安装至汽车左侧 A 柱内是否可行？

(2) 在操作步骤 8 时，引入 USB 线可以采用什么方法？

项目 18
行车记录仪的加装

 一、学习目标

（一）知识目标

1. 能正确使用行车记录仪的加装所用到的工具及材料。
2. 能双人配合，高质量完成行车记录仪加装施工的工艺流程。
3. 通过分工合作完成实训任务，培养团队合作意识。

（二）思政目标

1. 通过具体示例，学习正确的操作流程和技术要点。
2. 树立正确的职业观和精益求精的职业道德精神。

 二、资源准备

1. 教学场地

汽车美容与装饰实训室（该实训室布置为理实一体化教室，配有设备、桌椅、多媒体、挂图、制度，共 8 个工位）。

2. 教学资源

参考教材、视频资源、课程标准。

3. 教学设备与工具

(1) 整车 8 台；

(2) 行车记录仪产品 8 套、电烙铁 8 个、专用撬棒 8 个、剥线钳 8 把、电笔 8 支、组合扳手 8 套、引线钩 8 个。

4. 安全防护设施

(1) 操作电源开关要佩戴绝缘手套；

(2) 设备有安全标识的地方需要在老师的指导和监管下操作，不能私自操作。

5. 职位分工

每个班平均 56 人，分成 8 个小组，每小组 7 人，如表 18-1 所示。

表 18-1 小组分工表

序号	模拟岗位	人数	职责
1	小组长	1	全面负责本小组管理
2	技术员	1	负责小组内技术问题
3	安全员	1	负责小组内安全检查
4	成员	4	完成老师与小组长安排的任务

三、学习过程

（一）案例描述

美容技师卡卡根据车主对汽车驾驶途中记录影像及声音等的要求，在车载电器加装工位按照规范的操作工艺，在一定时间内完成行车记录仪加装项目的操作，并达到车主满意的效果。假设你现在就是这位美容技师，你计划怎么完成工作要求？下面我们一起来了解行车记录仪加装的相关知识。

（二）相关知识

1. 行车记录仪的功能

(1) 维护驾驶人的合法权益。当车辆与横穿公路的行人、骑自行车或摩托车的人员产生刮碰时，可能面临被敲诈勒索的风险。若安装行车记录仪，驾驶人可借此提供有效证据。通过回放监控录像，事故责任一目了然，有助于交警快速准确处理事故——既可快速撤离现场以恢复交通，又可保留事发时的有效证据，营造安全畅通的交通环境。

(2) 约束交通违章行为。若每辆车均安装行车记录仪，驾驶人会减少随意违章行驶的行为，事故发生率也会大幅度下降。此外，肇事车辆的行为可被其他车辆的行车记录仪拍摄，从而有效减少交通肇事逃逸案件。

(3) 为司法和理赔提供依据。法院在审理道路交通事故案件时，可依据行车记录仪的记录更加准确地量刑和判定赔偿；同时也为保险公司的理赔提供了客观证据。

(4) 助力打击违法犯罪。遇到专业"碰瓷"或拦路抢劫等情况，行车记录仪可记录事故发生现场和案犯的外貌特征等信息，为破案提供关键证据。

(5) 满足自驾游记录要求。对于喜欢自驾游的车主，行车记录仪可记录旅途中征服艰难险阻的过程。其在开车时同步录像，并将时间、速度、所在位置等信息都记录在录像中，相当于车辆的"黑匣子"。

(6) 拓展家用监控功能。行车记录仪还可作为家用 DV 拍摄生活趣事，或充当家用监控设备使用，平时还可实现停车监控功能。

2. 行车记录仪的组成

(1) 主机。包括微处理器、数据存储器、实时时钟、显示器、镜头模组、操作键、打印机和数据通信接口等装置。如果主机本体上不包含显示器、打印机，则需预留相应的数据显示和打印输出接口。

(2) 车速传感器。

(3) 数据分析软件。

3. 行车记录仪的接线说明

行车记录仪通过 3 条线与车辆连接：一条是正极线，一条是负极线，还有一条是长电线。通常情况下，记录仪只需要连接正负两条线即可正常使用；若需要实现停车监控功能，则还需连接长电线。行车记录仪 3 根线怎么接呢？正极线一般为红色，接 ACC；负极线一般为黑色，通过搭铁方式接地；长电线一般为黄色，连接汽车电瓶或长火正极，两者均可在汽车保险盒内找到。如果不经常用车，接长电线可能会损耗汽车电瓶的电，容易造成打不着火的情况，有固定需求且经常开车的情况下可考虑接长电线。

（三）实训过程

微案例：行车记录仪的加装

【案例要求】

1. 通过老师的示范讲解，各小组进行操作。

2. 以小组为单位，完成行车记录仪加装的实训操作，填写信息补充完整工作页的相应内容。

【操作步骤】

步骤 1：拆除行李箱装饰板，如图 18-1 所示。

要点：用专用拆装起子拆除卡扣。

注意：＿＿＿＿＿＿＿＿＿＿＿＿＿＿＿＿＿＿。

步骤 2：解除原车倒车影像摄像头固定状态，如图 18-2 所示。

图 18-1　拆除行李箱装饰板

图 18-2　解除原车倒车影像摄像头固定状态

要点：解除原车倒车影像摄像头固定状态。

注意：_____。

步骤 3：安装行车记录仪的后置摄像头，如图 18-3 所示。

要点：拆卸原车倒车影像的摄像头后，将行车记录仪的后置摄像头连同视频线引出至车牌架上方，在合适的位置固定后置摄像头。

注意：安装时需避免视频线磨损或挤压，确保安装紧凑；使用双面胶牢固固定摄像头，防止脱落。

步骤 4：连接后置摄像头的电源线和视频线，如图 18-4 所示。

图 18-3　安装行车记录仪的后置摄像头

图 18-4　连接后置摄像头的电源线和视频线

要点：连接后置摄像头的电源线和视频线，注意_____连接完成后使用电工胶带粘贴。由于原车已安装倒车影像，电源线无须连接倒车灯，只需将其包扎固定即可。依次拆卸左后门、左前门门槛饰板，将后置摄像头的视频线从后排座椅处引入至左前门立柱上方，再经 A 柱内饰板上方穿过前顶棚，引至室内后视镜上方，预留_____左右的线头长度，多余的线材用扎带固定并塞入顶棚内。

注意：电源线应沿车内边缘进行隐藏式布线，可选择挡风玻璃边缘、A 柱、中控台等路径。使用塑料撬棒或胶带固定线路，确保布线整齐美观。布线过程中，要尽可能避免线路影响驾驶员操作，同时防止线路不受到磨损或挤压。

步骤 5：连接摄像头视频线，如图 18-5 所示。

图 18-5　连接摄像头视频线

要点：将摄像头视频线与导航主机的电源线进行连接。

注意：务必确保电源连接稳固，避免车辆行驶过程中出现电源中断，影响行车记录仪的正常工作。

步骤 6：改装行车记录仪的电源线，如图 18-6 所示。

要点：选取一根长度约＿＿＿＿＿＿＿＿的双线，使用电烙铁将其焊接在行车记录仪的电源插头上。

注意：操作前务必切断相关设备电源；使用电烙铁时需小心触电、防止烫伤，并避免因操作不当导致设备损坏；焊接完成后检查焊接点是否牢固。

步骤 7：拆除仪表台侧护板，如图 18-7 所示。

图 18-6　改装行车记录仪的电源线

图 18-7　拆除仪表台侧护板

要点：使用撬棒拆卸仪表台侧护板。注意＿＿＿＿＿＿＿＿＿＿＿＿＿＿。

注意：仪表台侧护板位于车门显眼处，且缝隙狭小。拆卸时需在起子底部垫上软布，避免损坏侧护板。

步骤 8：测试 ACC 电源，如图 18-8 所示。

要点：使用测电笔找出点火开关打开后通电且电流在＿＿＿＿＿＿＿＿以上的熔断器，并将其拔出。

注意：需找准后进行测试，注意测试工具的规范使用。

步骤 9：将前置摄像头的正极接至熔断器，如图 18-9 所示。

图 18-8　测试 ACC 电源

图 18-9　将前置摄像头的正极接至熔断器

要点：将前置电源线的正极接至熔断器，确保缠绕紧凑。将前置电源线的负极进行搭铁处理。注意_____。用扎带将电源固定在仪表台侧护板内，随后将线路从 A 柱内饰板内穿过，经 A 柱内饰板上方延伸至前顶棚，最终引至室内后视镜上方，预留出_____的线头长度，多余的线材用扎带固定并塞入顶棚内。

注意： 布线时需兼顾隐蔽性与美观性。同时，要确保线路不会干扰驾驶员操作，且不会受到磨损或挤压。布线不当可能会导致线路短路或损坏，进而影响行车记录仪的正常工作。

步骤 10：安装行车记录仪主机，如图 18-10 所示。

图 18-10　安装行车记录仪主机

要点：将容量 8 GB 以上的内存卡插入行车记录仪主机卡槽。使用专用绑带将行车记录仪固定于室内后视镜位置，将_____连接。

注意： 确保行车记录仪主机固定牢固。安装完成后，需调整室内后视镜角度，确保行车过程中能安全、清晰地观察后方路况。

步骤 11：调试行车记录仪，如图 18-11 所示。

图 18-11　调试行车记录仪

要点：将车辆通电，检查行车记录仪是否正常工作，并_____。
注意： 安装完成后，启动车辆并调试行车记录仪。需设置分辨率、循环录制时间、碰撞感应灵敏度等参数，确保行车记录仪能够正常工作，保证录制的视频清晰、流畅。

四、总结评价与作业

1. 小组汇报实施成果，如表 18-2 所示。

表 18-2　实训操作结果汇报

案例名称		行车记录仪的加装
自检（质检）基本情况		
自检组别		第　　组
本组组员	组长：	组员：
检 查 情 况		
是否完成		
完成时间		
工位是否符合 8S 管理		
工作页填写情况 / 案例实施情况		优点 / 已完成部分 / 正确点： 缺点 / 未完成部分 / 错误点：
超时或未完成的主要原因		
检查人签字：		日期：

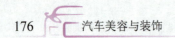

2. 小组互评，如表 18-3 所示。

表 18-3　实训过程性评价表（小组互评）

组别：_____　　组员：_____　　案例名称：_____

学习环节	评 分 细 则	被评组别 / 组员 第____组 / 姓名_____	
		分值	得分
相关知识	相关知识填写完整、正确	5	
	演讲、评价、展示等社会能力	5	
操作过程	小组成员分工明确合理，每人的职责均已完成	5	
	工具设备准备	5	
	拆除行李箱装饰板	5	
	解除原车倒车影像摄像头固定状态	5	
	安装行车记录仪的后置摄像头	5	
	连接后置摄像头的电源线和视频线	5	
	连接摄像头视频线	5	
	改装行车记录仪的电源线	10	
	拆除仪表台侧护板	5	
	测试 ACC 电源	5	
	将前置摄像头的正极接至熔断器	10	
	安装行车记录仪主机	10	
	调试行车记录仪	5	
质量检验	任务总结正确、完整、流畅	5	
	工作效率较高 (在规定时间内完成任务)	5	
总分 (100 分)	总得分：	评分人签字：	

3. 课后作业。

(1) 行车记录仪的拍摄角度有哪些?

(2) 行车记录仪的装配方式有哪些?

参 考 文 献

[1]　王纪婵，范珍珍，张学军.汽车美容与装饰[M].北京：航空工业出版社，2017.

[2]　夏怀成，许金花，汽车养护与美容[M].北京：机械工业出版社，2011.

[3]　马振宇，吴杰.汽车美容与装饰一体化教程[M].北京：人民邮电出版社，2014.

[4]　朱升高，韩素芳.彩色图解汽车美容装饰[M].北京：机械工业出版社，2019.

[5]　叶子波.汽车美容与装饰[M].北京：机械工业出版社，2016.

[6]　吴杰，李国君，林方龙.汽车美容与装饰一体化教材[M].北京：电子工业出版社，2023.